应用型人才培养“十四五”规划精品示范教材 · 会计类
新时代互联网+新形态教材 · 财会系列

KUAI JI ZONG HE SHI XUN

会计综合实训

主　编 ◎ 高秀元　佐　岩　冯永杰
副主编 ◎ 金　昔　永　恒　刘　秀
李孟军　李　杰
参　编 ◎ 宋丽新　杨凌奕　张小华
李晓莹　李晓红　赵井芝

華中科技大學出版社
http://press.hust.edu.cn
中国 · 武汉

图书在版编目(CIP)数据

会计综合实训/高秀元,佐岩,冯永杰主编. —武汉:华中科技大学出版社,2023.8
ISBN 978-7-5680-9655-3

Ⅰ.①会… Ⅱ.①高… ②佐… ③冯… Ⅲ.①会计学-教材 Ⅳ.①F230

中国国家版本馆 CIP 数据核字(2023)第 161753 号

会计综合实训 高秀元 佐 岩 冯永杰 主编
Kuaiji Zonghe Shixun

策划编辑:汪 粲
责任编辑:余 涛 汪 粲
封面设计:廖亚萍
责任校对:谢 源
责任监印:周治超
出版发行:华中科技大学出版社(中国·武汉) 电话:(027)81321913
武汉市东湖新技术开发区华工科技园 邮编:430223
录 排:华中科技大学惠友文印中心
印 刷:武汉科源印刷设计有限公司
开 本:787mm×1092mm 1/16
印 张:15.25
字 数:230 千字
版 次:2023 年 8 月第 1 版第 1 次印刷
定 价:56.00 元

本书若有印装质量问题,请向出版社营销中心调换
全国免费服务热线:400-6679-118 竭诚为您服务

前　言

Preface

面对竞争日益激烈的就业市场，高等教育的培养目标也随之改变——以塑造高素质、高技能的人才为主。从企业发展的需要和完成岗位实际工作任务所要求的知识、能力、素质为出发点，通过有效的企业调研，在充分考虑学生的可持续发展能力的前提下，我们组织编写了本书。

本书以学生为主体，注重提高学生的学习积极性，以能力培养为中心，重在提高学生的动手能力，面向一线、立足岗位、由浅入深、强化应用的教学理念。注重吸收最新的会计准则、税收制度。内容力求简洁、实用，突出会计实训的特点，便于学生理解和掌握所学的会计技能，务求理论与实际相结合。

本书以培养学生的会计技能为导向，按照企业会计核算工作过程，模拟一个企业创办初期的经济业务，紧扣最新版《企业会计准则》和相关税收制度规定。主要内容包括：填制和审核原始凭证以及记账凭证、登记账簿、编制科目汇总表、编制会计报表等，还增加了跨月份会计业务的账务处理，丰富了实训内容，能够更好地培养学生的实践操作能力。

本书的特点主要体现在以下 4 个方面：

(1)岗位性。本书模拟的企业基本情况和经济业务取材于虚拟企业，要求学生分岗处理相关经济业务，使其能够全面且系统地了解各岗位业务，在实际中可能发生的各种情况，并熟悉各岗位的基本职责和业务流程。

(2)典型性。本书以会计实际工作中最具代表性、典型性的业务为素材，模拟某一企业创办初期完整的业务活动，涵盖了建账、填制和审核会计凭证、登记账簿、成本计算、财产清查、资产减值处理，以及编制财务报表的全部经济业务的会计核算内容，充分体现了会计核算各种方法之间的联系，以及会计工作各岗位之间的关系。

(3)规范性。本书以财政部最新颁布的《企业会计准则》等有关法规制度作为会计确认、计量的准绳，以《会计基础工作规范》作为职业道德衡量标准及处理各项具体账务工作的考核尺度。

(4)灵活性。按照国家“三教”改革的要求，本书采用了工作手册式活页教材的编写形式，便于编者丰富教材内容，也便于学生随意变换操作，灵活性更强。

本书由兴安职业技术学院高秀元担任第一主编，由兴安职业技术学院佐岩和冯永杰分别担任第二主编和第三主编，由兴安职业技术学院的金昔、永恒、刘秀、李孟军、李杰担任副主编，参编人员有兴安职业技术学院的宋丽新、杨凌奕、张小华、李晓莹，以及兴安盟产品质量计量检验检测中心的李晓红和大睿代理记账公司的赵井芝。具体编写分工为：高秀元主编教材实训三，佐岩编写实训一和实训五，冯永杰负责本教材的整体框架设计，金昔编写实训二，永恒编写实训四的任务三和任务四，刘秀编写实训四的任务一和任务二，李孟军编写附录C、附录D，李杰编写附录A，宋丽新负责各实训模块的第六部分，杨凌奕编写附录E，张小华编写附录B及书中部分案例，李晓莹编写书中部分案例，李晓红编写任务情境，赵井芝负责编写过程中疑问的咨询和解答工作，全书由高秀元总纂。

郑重声明：本书涉及的企业业务纯属虚拟。

编者

2023 年 6 月

目　录
Contents

绪论 …… 1
- 会计综合实训内容 …… 1
- 会计综合实训组织 …… 2
- 会计综合实训条件 …… 3

实训一　认知企业 …… 5
- 任务目标 …… 5
- 任务情境 …… 5
- 任务要求 …… 15
- 任务实施 …… 16
  - 任务一　公司注册操作流程 …… 16
  - 任务二　公司会计工作流程 …… 16
- 教师点拨 …… 18
- 任务评价 …… 19

实训二　建账 …… 20
- 任务目标 …… 20
- 任务情境 …… 20
- 任务要求 …… 28
- 任务实施 …… 29
  - 任务一　建账流程(会计主管负责) …… 29
  - 任务二　报销业务 …… 30
- 教师点拨 …… 31
- 任务评价 …… 32

实训三　企业日常业务处理 …… 33

任务目标 …… 33
任务情境 …… 33
任务要求 …… 38
任务实施 …… 39
任务一　供应阶段的核算(业务 3-1 至业务 3-10,记账会计负责) …… 39
任务二　生产阶段的核算(业务 3-11 至业务 3-20,记账会计负责) …… 40
任务三　销售阶段的核算(业务 3-21 至业务 3-23,记账会计负责) …… 42
教师点拨 …… 43
任务评价 …… 44
实训四　期末会计事项处理 …… 45
任务目标 …… 45
任务情境 …… 45
任务要求 …… 47
任务实施 …… 48
任务一　成本的计算(业务 4-1 至业务 4-6,记账会计负责) …… 48
任务二　结转损益(业务 4-7,总账会计负责) …… 49
任务三　计算并结转所得税(业务 4-8,总账会计负责) …… 50
任务四　计算并结转利润(业务 4-9、业务 4-10,总账会计负责) …… 51
教师点拨 …… 52
任务评价 …… 53
实训五　会计报表的编制 …… 54
任务目标 …… 54
任务情境 …… 54
任务要求 …… 55
任务实施 …… 56
任务一　编制资产负债表(业务 5-1,总账会计负责) …… 56
任务二　利润表的编制(业务 5-2,总账会计负责) …… 57
任务三　现金流量表的编制(业务 5-3,总账会计负责) …… 58
教师点拨 …… 59
任务评价 …… 60
附录 A　实训二的原始单据 …… 61
附录 B　实训三的原始单据 …… 145
附录 C　实训四的原始单据 …… 207
附录 D　实训五的原始单据 …… 223
附录 E　实训答案 …… 231

绪论

会计综合实训内容

一、实训目的

会计综合实训是会计专业独立开设的一门专业实践性课程。其目的是让学生通过运用手工操作和计算机操作手段，对模拟企业会计资料进行分岗位、分角色的综合实训。一方面，训练学生的会计核算能力、审核能力和会计分析能力，使学生能系统地掌握企业会计核算的全过程，熟悉企业内部会计制度，从而全面提高学生对会计技能的运用水平，提升专业素质；另一方面，可以使学生深入理解会计岗位的分工方法、各岗位之间的工作衔接与协作，提高学生的沟通、协调、协作能力，增强社会责任感。

二、实训内容

会计综合实训的主要内容包括了解会计工作组织、熟悉会计业务，以及掌握会计核算能力和操作技能。具体内容如下。

1. 认知企业

了解企业的基本情况、企业生产流程、企业内部会计制度、会计人员、会计人员岗位分工，以及会计工作组织形式。

2. 会计核算技能

具体包括手工操作和计算机操作的会计核算能力。

(1) 建立会计账簿，包括根据企业情况设置会计科目，建立并启用账簿，录入期初数据。

(2) 审核各种原始单据，明确单据处理程序和要素要求。

(3) 填制由财务部门出具的各种原始凭证，包括开具发票及银行结算凭证等。

(4) 编制有关工资、固定资产、存货及成本核算的计算表。

(5) 编制及审核记账凭证。具体包括筹资与投资业务核算、采购与付款业务核算、销售与收款业务核算、职工薪酬核算、成本与费用核算等。

(6) 登记总账、日记账、明细账和有关备查账簿。

(7) 银行对账、财产清查、往来账款管理。

(8) 期末账项调整业务。具体包括费用计提、计算结转本月应交税费、资产期末计价、结转损益、计算利润和利润分配的财务处理。

(9) 期末对账与结账。具体包括账实核对、银行对账、往来款清查、试算平衡和结账。

(10) 编制会计报表。主要包括编制资产负债表、利润表和现金流量表等外部报表。

(11) 编制纳税申报表。主要包括编制增值税、企业所得税等纳税申报表。

(12) 财务分析。根据企业财务会计核算的有关资料,计算常用财务指标,并对模拟企业进行分析评价。

3. 会计操作技能

会计操作技能是通过手工操作和计算机操作手段,处理会计业务的能力,具体包括填制会计凭证、登记会计账簿、编制会计报表、凭证装订及会计资料的归档管理等技能。

会计综合实训组织

一、学习模式

本实训采用分岗位,以学生为主体的协作学习模式。由教师在第一次授课时,将学生分成若干个小组。在课程学习中,以小组的形式学习与实践,各自担当一定的角色,共同完成小组精心设计的任务,强调任务驱动下学习者之间的积极协作,充分发挥学习者的主体性和主动性。

二、教学组织

针对学生学习的特点,教学中采用"忆、练、说、析、思、写"六步教学法。

"忆"是指以练习题、抽查提问等方式引导学生复习与本次实训有关的内容,为实训做准备。

"练"是指让学生根据实训资料,以理论指导操作,完成实训任务,提高动手能力。

"说"是指让学生说出在刚才的实操中所遇到的问题及自己的解决方法,加深印象,并使学生带着问题进入下一步操作。

"析"是指以学生为主体,师生共同分析本次实训中的难点,使学生理解后掌握有关的知识点与操作方法。

"思"是指让学生重温实训操作要点,思考有关问题并作出回答,目的是让学生从实践回到理论,结合操作思考并回答有关问题。

"写"是指让学生编写实训报告,总结实训过程及心得体会,深化理论知识,总结操作方法与操作技巧。

三、考核方法

学生的实训成绩采用多维度考核方式：既考核专业技能(60%)，又考核职业素养(40%)；既有小组评价(40%)，又有教师评价(60%)；既有实训过程评价，也有实训最终成果评价。

一方面，在平时实训过程中，实训教师除了可以通过定期或不定期的抽查实训作业，对规范性和正确性做出评价外，还可以通过谈话、提问等其他方式，对学生理解问题、解决问题的能力以及工作效率的高低做出评价；另一方面，教师通过审查批阅学生的最终成果，即要求完成的所有“账、证、表”，评定出学生实训的成绩。

会计综合实训条件

一、实训场地

整个实训在会计综合实训室内完成。会计综合实训室内，学生按组摆放桌椅，每组配 4 台计算机，组成局域网络，安装财务软件。

二、实训设备

操作台(学生用桌椅)、计算机(安装财务软件、组成局域网络、教师机要求能够连接外网)、打印机、凭证装订机、订书机、POS 机、验钞机、支票打码机、计算器、算盘、科目章、企业公章、财务章、法人章、双色印泥、会计专用笔、笔筒、直尺、胶水、大头针、曲别针、文件夹、资料夹等，按学生数量配置。

三、实训资料

会计分岗位综合实训所需账表如下。

(1) 银行票证：包括模拟各种支票、汇票、送款单和进账单等。

(2) 税务发票：包括模拟增值税发票、各种商业发票、服务业发票等。

(3) 计算表：各种费用计算表和财务成果计算表。

(4) 记账凭证：根据需要可以选择“收、付、转”记账凭证，或者通用记账凭证。

(5) 各种账簿：包括总分类账、现金日记账和银行存款日记账、三栏明细账、多栏明细账、数量金额日记账、备查账、账簿封面、扉页、目录和账页等。

(6) 会计报表:包括资产负债表、利润表和现金流量表。

(7) 纳税申报表:增值税纳税申报表、企业所得税申报表。

(8) 各种封皮:包括记账凭证封皮、会计报表封皮和纳税申报表封皮。

实训一　认知企业

任务目标

• **知识目标：**

（1）了解生产型企业组织结构。

（2）熟悉各部门的工作任务和工作职责。

（3）掌握企业内部会计制度的内容。

知识储备

• **能力目标：**

（1）能够根据企业的生产工艺流程，熟练计算产品的生产定额。

（2）能应用会计电算化建立账套和初始设置。

• **素质目标：**

培养学生树立高尚的职业道德，增强为企业服务的意识，守则敬业。

任务情境

一、情境

××年×月初，夏羽飞和他的注册会计师朋友李翊聊天。

夏羽飞："我现在有一笔资金，想投资做一个项目。朋友给我提供了信息，生产会议室桌椅很有市场。正好我有很好的原材料进货渠道，所以我想注册一个公司，专门生产会议室桌椅，您有什么建议？"

李翊："这个很好啊！按我国《公司法》规定，公司的组织形式可以分为有限责任和无限责任两大类。我建议您成立一家有限责任公司。"

夏羽飞："哦，那我是不是该给公司起个不错的名字？"

李翊："是的，这是成立公司的第一步。公司的名字想好了吗？"

夏羽飞:“中国 H 家具制造有限公司,怎么样?”

李翊:“名字不错,不过如果给公司起这个名字,需要在工商总局登记注册,手续可能会多一些。”

夏羽飞:“为什么？在大连市工商局不能注册吗?”

李翊:“按规定,名字中包含中国、中华、国家、国际等字样的公司,公司名称的管辖权在工商总局。您如果想在市工商局注册,可以把名字改成 H 家具制造有限公司。”

夏羽飞:“是这样啊！这里的学问还真多。公司注册过程中有什么问题还要多向您请教。”

李翊:“没问题,都是老朋友了!”

几天后,夏羽飞拿着“H 家具制造有限公司”《企业名称预先核准通知书》和《公司登记(备案)申请书》给李翊打电话。

夏羽飞:“您好！我的企业名称已经核准了!”

李翊:“恭喜恭喜!”

夏羽飞:“那我下一步需要做什么?”

李翊:“您的办公场地打算怎么解决?”

夏羽飞:“我已经看好一栋厂房了,原来也是做家具生产的,厂房和办公室都符合需求,我想买下来。”

李翊:“嗯,那您需要先办理房屋买卖手续。另外,生产型企业还需要办理环保评估,这是前置审批。”

夏羽飞:“好的,我尽快办理。”

××月×日,股东按照公司章程的规定,将资金及时、足额地存入企业临时账户。××月×日,夏羽飞携带公司设立所需的全部必备文件,到工商局办理企业注册登记。

5 个工作日后,夏羽飞如愿以偿取得了“H 家具制造有限公司”的营业执照,营业执照载明信息如下:

企业名称:H 家具制造有限公司。经营范围:家具制造。该公司主要生产教学和会议室专用桌,分别有 2 人桌、3 人桌两种型号。法定代表人:夏羽飞,身份证号码:××。住址:大连市甘井子区××路 18 号 3-301。注册资金:1000 万元。经营地址:大连市甘井子区××路 108 号,电话:××(甘井子区××路属于六类地城镇土地使用税 0.5 元每平方米)。公司设立成功。

二、组织机构

H 家具制造有限公司设有办公室、生产部、采购部、仓储部、销售部、财务部、人力资源部等 7 个部门,组织机构设置如图 1-1 所示。

罗雪青被聘为办公室主任,赵轩被聘为财务部经理,谭世俊被聘为车间主任。公司职员一览表,如表 1-1 所示。

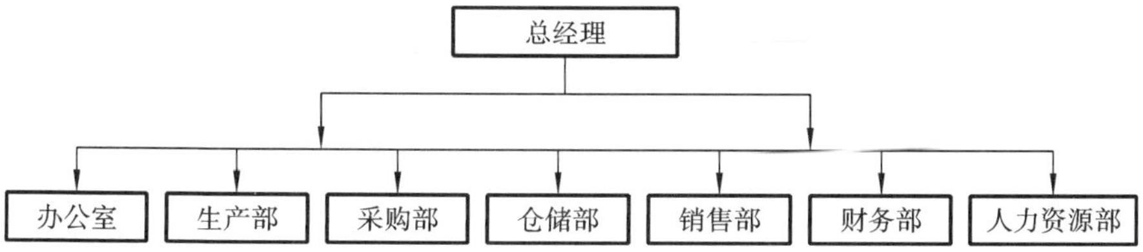

图 1-1　组织机构设置

表 1-1　公司职员一览表

部 门 编 号	部 门 名 称	员 工 编 号	员 工 名 称	备　　注
1	办公室	101	夏羽飞	法定代表人兼总经理
1	办公室	102	罗雪青	办公室主任
1	办公室	103	黄小娟	办公室文员
1	办公室	104	魏庆峰	司机
1	办公室	105	杨咏	司机
2	生产部	201	谭世俊	车间主任
2	生产部	202	钱忠坤	板材切割组组长
2	生产部	203	郑旭飞	板材切割组领料员
2	生产部	204	郭新鑫	板材切割组工人
2	生产部	205	宫为维	板材切割组工人
2	生产部	206	于旭晖	板材切割组工人
2	生产部	207	孙有粮	钢管切割组组长
2	生产部	208	周新方	钢管切割组领料员
2	生产部	209	杨小健	钢管切割组工人
2	生产部	210	黄军侠	钢管切割组工人
2	生产部	211	孙有亮	钢管切割组工人
2	生产部	212	王小溪	板材压边组组长
2	生产部	213	祖利军	板材压边组领料员
2	生产部	214	何爱军	板材压边组工人
2	生产部	215	宋伟强	板材压边组工人
2	生产部	216	赵银虎	板材压边组工人
2	生产部	217	安在奇	打磨组组长
2	生产部	218	谢爱民	打磨组领料员
2	生产部	219	胡雪峰	打磨组工人
2	生产部	220	杨小威	打磨组工人
2	生产部	221	马颖超	打磨组工人
2	生产部	222	盖增智	喷漆组组长
2	生产部	223	马黎明	喷漆组领料员
2	生产部	224	祖海明	喷漆组工人

续表

部门编号	部门名称	员工编号	员工名称	备　注
2	生产部	225	姜涵涵	喷漆组工人
2	生产部	226	孟子岐	包装组组长
2	生产部	227	吕明东	包装组领料员
2	生产部	228	崔京花	包装组工人
2	生产部	229	郭艳丽	质量检验组组长
2	生产部	230	洪鸿	质检员
3	采购部	301	江若岩	采购部经理
3	采购部	302	由天明	采购主管
3	采购部	303	马天啸	采购员
3	采购部	304	温涛	货车司机
4	仓储部	401	王清清	仓库主管
4	仓储部	402	刘天娇	仓库管理员
5	销售部	501	宫小威	销售主管
5	销售部	502	曲丽丽	销售员
5	销售部	503	王艳艳	销售员
5	销售部	504	夏明海	货车司机
6	财务部	601	赵轩	财务部经理
6	财务部	602	王云	财务部主管
6	财务部	603	张艾佳	出纳
6	财务部	604	刘涌	记账会计
7	人力资源部	701	胡美玲	人力资源部经理
7	人力资源部	702	由天威	文员
7	人力资源部	703	曲艺	文员
共计		52 人		

赵轩作为财务部经理，明确了财务部工作人员的岗位及工作职责。在此基础上，财务部在赵轩的带领下，有序地展开各项业务。财务部岗位设置及人员分工，如表 1-2 所示。

表 1-2　财务部岗位设置及人员分工

姓　　名	手工账分工	计算机操作权限
赵轩（经理）	全面控制、审核	全面控制、审核、把控数据风险
王云（主管）	期末调整、稽核、总账、报表	期末调整、过账、报表
张艾佳（出纳）	现金、银行存款日记账登记、对账	出纳系统操作
刘涌（记账会计）	记账	账簿录入
郭芳（制单会计）	制单	填制记账凭证

三、生产工艺

公司谭世俊作为车间主任，在大量市场调研的基础上，组织并制定了生产工艺流程图（见图 1-2）及生产消耗定额表（见表 1-3、表 1-4）。

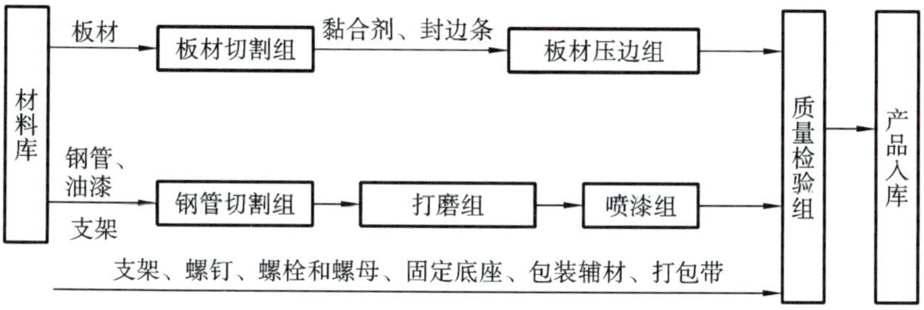

图 1-2　生产工艺流程图

表 1-3　主要材料消耗定额表

产品名称	原材料	计量单位	数量
2 人桌（长：100 cm；宽：40 cm；高：80 cm；有桌斗）	18 mm 装饰板	米	1
	15 mm 装饰板	米	1
	支架	个	2
	5 cm 方钢管	米	1.2
	固定底座	个	2
	5 mm 装饰	米	1
3 人桌（长：150 cm；宽：40 cm；高：80 cm；有桌斗）	18 mm 装饰板	米	1.5
	15 mm 装饰板	米	1.5
	支架	副	3
	5 cm 方钢管	米	1.8
	固定底座	个	3
	5 mm 装饰板	米	1.5

表 1-4　辅助材料消耗定额表

产品名称	螺栓和螺母	螺钉	封边条	油漆	黏合剂
2 人桌	12 个	4 个	2.4 米	20 克	100 盒
3 人桌	18 个	6 个	2.4 米	30 克	100 盒

主要生产设备：全自动家具生产线。

主要材料：18 mm 装饰板、15 mm 装饰板、5 cm 方钢管、支架和固定底座。

辅助材料：封边条、螺栓和螺母、螺钉、黏合剂、油漆。

包装材料：2 人桌包装纸盒、3 人桌包装纸盒、打包带。

企业生产的产品：2 人桌和 3 人桌。

2人桌和3人桌生产工时比为1∶1,生产工人工资按工时比例分配。产品耗用原材料和主要辅助材料全部于生产开始时一次性投入,产品生产周期为10天,制造费用按主要材料成本进行分配。

四、企业内部会计制度

为了规范企业的会计核算,真实、完整地提供会计信息,根据《中华人民共和国会计法》《企业会计准则》及其他有关法律、法规,结合本公司具体情况制定本制度。

1. 会计年度

会计年度自公历1月1日起至12月31日止。

2. 记账本位币

会计核算以人民币为记账本位币。

3. 一些基本制度

(1) 会计记账采用借贷记账法。

(2) 会计核算基础为权责发生制,收入与其相关的成本、费用应当相互配比。

(3) 计价基础为实际成本法。

4. 现金等价物的确定标准

持有的期限短(从购买日起,3个月内到期)、流动性强、易于转换为已知金额现金、价值变动风险很小的投资,确认为现金等价物。

5. 坏账准备核算方法

(1) 采用备抵法核算坏账损失。坏账准备按决算日应收款项余额百分比计提,提取比例为5‰。应收款项包括应收账款、其他应收款和预付账款。

(2) 关联企业的经济业务不计提坏账准备。

6. 存货核算方法

各种存货按取得时的实际成本记账。

存货日常核算采用实际成本核算,存货发出采用加权平均法计算。

低值易耗品和周转使用的包装物、周转材料等在领用时摊销,摊销方法采用一次摊销。

存货定期盘点,每年至少盘点一次。盘点结果如果与账面记录不符,应于期末前查明原因,经批准在期末结账前处理完毕。盘盈的存货,冲减当期管理费用;盘亏的存货,在减去过失人或保险公司等赔款和残料价值之后,计入当期管理费用,属于非常损失的,计入营业外支出。盘盈或盘亏的存货,如在期末结账前尚未经批准的,在对外提供财务会计报告时先按上述规定进行处理,并在会计报表附注中作出说明;如果其后批准处理的金额与已处理金额不一致,按期差额调整会计报表的年初数。期末存货按成本与可变现净值孰低计价,并按单个存货项目提取存货跌价准备,计入当期损益。在资产负债表中,存货项目按照减去存货跌价准备后的净额反映。

7. 短期投资核算方法

(1) 短期投资的计价方法。

短期投资以实际支付的全部价款(包括税金、手续费等相关费用)减去已宣告但尚未领取的现金股利，或已到付息期但尚未领取的债券利息后的金额。

(2) 短期投资收益的确认方法。

短期投资持有期间对于被投资单位宣告发放的现金股利或尚未领取的债券利息，应当确认为应收项目，并计入投资收益；实际收到款项时，作为应收项目处理。处置短期投资时，按收到的处置收入与短期投资账面价值的差额确认为当期损益。

8. 固定资产及其折旧核算方法

固定资产是指企业使用期限超过一年的房屋、建筑物、机器、机械、运输工具，以及其他与生产、经营有关的设备、器具、工具等。不属于生产经营主要设备的物品，单位价值在 2000 元以上，并且使用年限超过两年的，也应当作为固定资产。固定资产按取得时的实际成本计价并予以记账。固定资产折旧方法采用年限平均法，并按固定资产类别的原价估计经济使用年限和预计残值（原价的 5%）确定其折旧率。固定资产类别及折旧率，如表 1-5 所示。

表 1-5 固定资产类别及折旧率

资产类别	预计使用年限	年折旧率
房屋、建筑物	20	4.75%
生产设备、运输工具（火车轮船）	10	9.5%
运输工具（火车轮船外）	5	19%
办公用具及其他设备	5	19%
电子设备	3	31.67%

固定资产应当计提折旧的有房屋和建筑物；在用的机器设备、仪器仪表、运输工具、工具器具；季节性停用、大修或停用的固定资产；企业租入的资产（短期租赁和低值资产租赁除外）和以经营租赁方式租出的固定折旧方法一经确定，不得随意变更。如需变更，应当在会计报表附注中予以说明。固定资产大修费用采用待摊的方式核算，在两次大修间隔期内，各期均衡地摊销并计入有关的成本费用。固定资产日常修理费用，直接计入当期成本费用。

固定资产清理净损益，应区别不同情况进行处理：一是因固定资产已丧失使用功能或自然灾害发生的毁损等原因，而报废产生的利得或损失应计入营业外收支；二是因出售、转让等原因产生的固定资产处置利得或损失计入资产处置损益。

企业的固定资产在期末时按照账面价值与可收回金额孰低计量，对可收回金额低于账面价值的差额计提固定资产减值准备。

9. 在建工程核算方法

本公司在建工程包括为建造或修理固定资产而进行的各项建筑和安装工程。用借款进行的工程发生的借款利息，属于在固定资产尚未交付使用前发生的，计入在建固定资产的成本，固定资产交付使用后发生的，应计入当期损益。工程完工（竣工验收）交付使用时，按工程的实际成本转入固定资产。期末在建工程按账面价值与可收回金额孰低计价，对可收回金额低于账面价值的差额，计提在建工程减值准备。

10. 无形资产和其他资产核算方法

无形资产和其他资产按形成时发生的实际成本计价。无形资产的成本，自取得当月起在预计的年限内分期平均摊销，计入损益。如合同没有规定受益年限，法律也没有规定有效年限的，摊销年限不应低于十年；经营场地的装修费用按受益期五年摊销；筹建期内实际发生的各项费用，除应计入有关财产物资价值外，均作为开办费用入账，其开办费用应当在开始经营的当月起一次性计入当月的损益。

11. 负债的核算方法

负债是指过去的交易事项形成的现时义务，履行该义务预期会导致经济利益流出企业。

企业的负债按其流动性，可分为流动负债和非流动负债。各项流动负债，应按实际发生额入账。短期借款、带息应付票据、短期应付债券应当按照借款本金或债券面值，按照确定的利率按期计提利息，计入损益。各项非流动负债应当分别进行核算，并在资产负债表中分列项目反映。将于1年内到期偿还的非流动负债，在资产负债表中应当作为一项流动负债，单独反映。非流动负债应当按照负债本金或债券面值，按照规定的利率按期计提利息，并按所规定的制度，分别计入工程成本或当期财务费用。

12. 借款费用的会计处理方法

企业所发生的借款费用，是指因借款而发生的利息、折价或溢价的摊销和辅助费用，以及因外币借款而发生的汇兑差额。因借款而发生的辅助费用包括手续费等。为专门购建固定资产而发生的长期借款费用，在所购建的固定资产达到预定可使用状态前所发生的费用，予以资本化计入所购建的固定资产成本；在固定资产达到预定可使用状态后所发生的费用，直接计入当期损益。对于短期借款，其所发生的借款费用按月预提计入当期损益。

13. 所有者权益的核算方法

所有者权益是指所有者在企业资产中所享有的经济利益，其金额为资产减去负债后的余额。所有者权益包括实收资本（或股本）、资本公积、其他综合收益、盈余公积和未分配利润等。

（1）实收资本是指投资者按照企业章程或合同、协议的约定，实际投入企业的资本。

（2）资本公积包括资本（或股本）溢价、其他资本公积。资本公积项目主要包括：

①资本（或股本）溢价：企业投资者投入的资金超过其在注册资本中所占份额的部分。

②其他资本公积：其他资本公积涉及的情况相对比较复杂，简单介绍以下三种。

一是企业的长期股权投资采用权益法核算时，因被投资单位除净损益、其他综合收益以及利润分配以外的所有者权益的其他变动（主要包括被投资单位接受其他股东的资本性投入、被投资单位发行可分离交易的可转债中包含的权益成分、以权益结算的股份支付、其他股东对被投资单位增资导致投资方持股比例变动等），投资企业按应享有份额而增加或减少的资本公积，直接计入投资方所有者权益（资本公积——其他资本公积）。

二是以权益结算的股份支付换取职工或其他方提供服务的，应按照确定的金额，将当期取得的服务计入相关资产成本或当期费用，同时增加资本公积（其他资本公积）。根据国家有关规定企业实行股权激励的，如果在等待期内取消了授予的权益工具，企业应在进行权益工具加速行权处理时，将剩余等待期内应确认的金额计入当期损益，并同时确认资本公积（其他资本公积）。

三是企业集团(由母公司和其全部子公司构成)内发生的股份支付交易,如结算企业为接受服务企业的投资者,应当按照授予日权益工具的公允价值或应承担负债的公允价值确认为对接受服务企业的长期股权投资,同时确认资本公积(其他资本公积)或负债。

(3) 其他综合收益:企业根据会计准则规定未在当期损益中确认的各项利得或损失。

(4) 盈余公积包括:

①法定盈余公积是指企业按照规定的比例从净利润中提取的盈余公积。本企业按10%计提法定盈余公积。

②任意盈余公积是指企业经股东大会或类似机构批准按照规定的比例从净利润中提取的盈余公积。

企业的盈余公积可以用于弥补亏损、转增资本(或股本)。符合规定条件的,也可以用盈余公积分派现金股利。

14. 收入确认原则

企业应当在履行了合同中的履约义务,即在客户取得相关商品控制权时确认收入;企业与客户之间的合同同时满足下列五项条件的,企业应当在客户取得相关商品控制权时确认收入:

(1) 合同各方已批准该合同并承诺履行各自义务。

(2) 该合同明确了合同各方与所转让商品相关的权利和义务。

(3) 该合同有明确的与所转让商品相关的支付条款。

(4) 该合同具有商业实质,即履行该合同将改变企业未来现金流量的风险、时间分布或金额。

(5) 企业因向客户转让商品而有权取得的对价很可能收回。现金折扣在实际发生时作为当期费用;销售折让在实际发生时冲减当期收入。对于某一时段内履行的履约义务,企业应当在该段时间内按照履约进度确认收入,履约进度不能合理确定的除外。资产负债表日,企业按照合同的交易价格总额乘以履约进度扣除以前会计期间累计已确认的收入后的金额,确认当期收入。当履约进度不能合理确定时,企业已发生成本预计能够得到补偿的,应当按照已发生的成本金额确认收入,直至履约进度能够合理确定为止。

15. 成本费用的确认和计量

费用是指企业为销售商品、提供劳务等日常活动所发生的经济利益的流出。

成本是指企业为生产产品、提供劳务而发生的各种耗费。期间费用直接计入当期损益;成本计入所生产的产品、提供劳务的成本。

企业在生产过程中所发生的其他各项费用,以实际发生数计入成本费用。企业支付职工的工资,应根据规定的工资标准、工时、产量记录等资料计算职工工资,计入成本费用。企业按规定给予职工的各种工资性质的补贴,也应计入各工资项目。产品成本按品种法核算,由所生产产品的直接耗用的原材料、直接人工费和制造费用三部分构成。制造费用在不同产品之间按耗用主要材料的比例进行分配。

16. 税务处理

按税法正确计算并按时足额地缴纳增值税、企业所得税及其他附加税费;个人所得税由公司代扣代缴。本公司企业所得税会计处理方法为“资产负债表债务法”。

17. 利润及利润分配

利润是指企业在一定会计期间的经营成果，包括营业利润、利润总额和净利润。企业当期实现的净利润，加上年初未分配利润（或减去年初未弥补亏损）和其他转入后的余额为可供分配的利润。具体分配方案按照企业章程和董事会决议执行。

18. 财务会计报告

会计核算应当划分会计期间，分期结算账目和编制财务会计报告。会计期间分为年度、半年度、季度和月度。年度、半年度、季度和月度均按公历起讫日期确定。半年度、季度和月度均称为会计中期。企业的财务会计报告由会计报表、会计报表附注组成。企业内部管理需要的会计报表由企业自行规定。

任务要求

任务单

<table>
<tr><td>班级</td><td colspan="3"></td><td>小组</td><td colspan="2"></td></tr>
<tr><td>成员</td><td colspan="6"></td></tr>
<tr><td>学习单元</td><td colspan="6">实训一　认知企业</td></tr>
<tr><td>任务编号</td><td>1.1</td><td>任务名称</td><td colspan="2">认知企业</td><td>完成时间</td><td>8学时</td></tr>
<tr><td>准备工作</td><td colspan="6">1. 做好手工操作的常规准备工作；
2. 做好计算机操作的常规准备工作。</td></tr>
<tr><td>任务描述</td><td colspan="6">1. 走进核算企业(会计主体)；
2. 熟悉财务制度。</td></tr>
<tr><td>任务要求</td><td colspan="6">1. 熟悉生产性企业结构，了解各部门的工作任务及工作职责；
2. 熟悉企业的生产工艺流程和产品生产定额；
3. 了解财务部的岗位设置、岗位职责以及岗位之间的关系；
4. 熟悉企业内部会计制度。</td></tr>
<tr><td>成果提交</td><td colspan="6">1. 能叙述企业基本概况和会计制度；
2. 能应用会计电算化建立账套和初始设置。</td></tr>
</table>

任务实施

任务一　公司注册操作流程

《中华人民共和国公司法》第二章第一节第二十六条：有限责任公司的注册资本为在公司登记机关登记的全体股东认缴的出资额。法律、行政法规以及国务院决定对有限责任公司注册资本实缴、注册资本最低限额另有规定的，从其规定。

第二章第一节第二十七条：股东可以用货币出资，也可以用实物、知识产权、土地使用权等可以用货币估价并可以依法转让的非货币财产作价出资；但是，法律、行政法规规定不得作为出资的财产除外。对作为出资的非货币财产应当评估作价，核实财产，不得高估或者低估作价。法律、行政法规对评估作价有规定的，从其规定。

第二章第三节第五十九条：一人有限责任公司应当在公司登记中注明自然人独资或者法人独资，并在公司营业执照中载明。

企业注册操作流程，如图 1-3 所示。

任务二　公司会计工作流程

一、手工操作方式

会计主管、出纳、制单会计和记账会计协同工作，分岗操作基本工作流程说明如下。

（1）建账。

总账会计（或会计主管）建立总账，出纳建立日记账，记账会计建立明细账。

（2）制单会计审核原始凭证。

（3）制单会计填制记账凭证。

（4）记账会计登记会计账簿。

出纳登记日记账，记账会计登记明细账，会计主管登记总账。

（5）期末对账和结账。

会计主管、记账会计和出纳分别对总账、明细账和日记账进行核对，检查是否正确。

（6）编制报表及报表分析。

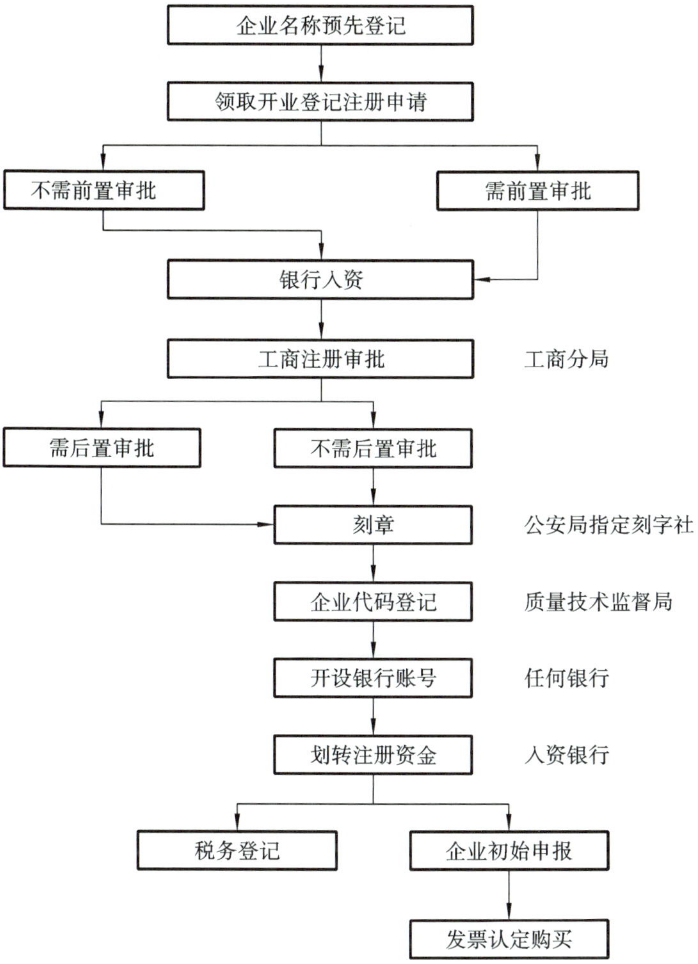

图 1-3　企业注册操作流程

二、计算机操作方式

（1）系统初始化。

（2）业务单据处理及审核原始凭证。

（3）编制记账凭证，会计岗人员进行记账凭证录入或生成记账凭证。

（4）记账与账表管理。

（5）期末对账和结账。

（6）编制会计报表与财务分析报告。

会计流程图，如图 1-4 所示。

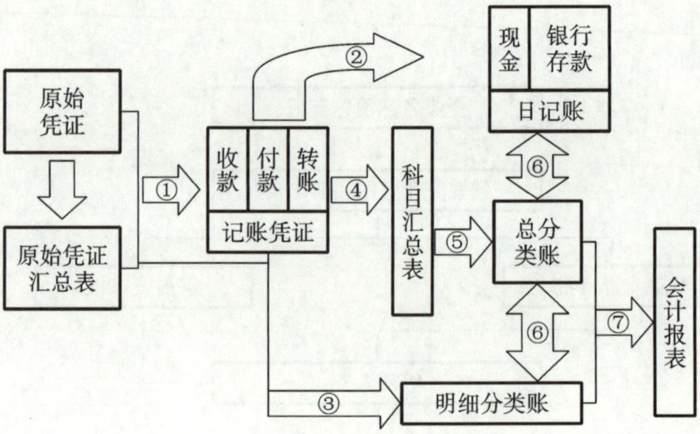

图 1-4　会计流程图

教师点拨

（1）企业在设立的过程中，要遵循《中华人民共和国公司法》《中华人民共和国会计法》的相关条件和程序规定，依法设立，合法经营。

（2）俗话说“不以规矩，不能成方圆”，H 家具制造有限公司设立了内部组织机构，下设了各职能部门，各部门要按照职责分工要求，开展工作，各司其职，具备规则意识，要相互配合，协同进步。

（3）对于被聘任为 H 家具制造有限公司的财务人员，我们是经济事项的记录者，同时也是会计文化的传承者，要潜心耕耘，真实记录，争做优秀的“职业会计人”。

任务评价

任务评价表

学习单元：　　　　　　姓名：　　　　　　班级：　　　　　　小组：

考核项目		权重	考核内容及评分标准	考核得分		
				小组评价（40%）	教师评价（60%）	综合得分
专业技能（60%）	企业注册流程	10	理解企业注册流程，每处错误扣____分			
	生产工艺流程	15	生产工艺流程完整、正确，每处错误扣____分			
	岗位设置	10	岗位设置与分工明确、正确，每处错误扣____分			
	企业会计制度	15	制度合理，业务处理流程正确，每处错误扣____分			
	计算机操作方式下会计核算	10	会计电算化设置正确，每处错误扣____分			
职业素养（40%）	组织纪律	20	服从组长安排，有大局观，不迟到不早退，不做与项目无关的事情			
	沟通协作	10	分工合理，按规定流程进行操作，团队意识强，有集体荣誉感			
	工作态度	5	工作积极主动，认真负责，恪守诚信，追求严谨，精益求精			
	工作效率	5	有效利用各种工具，按时完成任务，讲效率，作业质量高			
合计						

实训二　建账

任务目标

- **知识目标：**

(1) 了解企业建账规则。

(2) 熟悉总账、日记账、明细账的初始金额的确定方法。

(3) 掌握筹建期基本业务的处理方法。

- **能力目标：**

能够根据企业情况，确定企业应开设的账簿种类。

- **素质目标：**

培养学生正确的思维方法，具有知识迁移、逻辑思维、创新实践能力。

知识储备

任务情境

夏羽飞的公司开业一周了。这一天，财务部经理赵轩走进他的办公室。

赵轩："夏总，有一个情况我要向您汇报一下。"

夏羽飞："请讲。"

赵轩："我们公司开业一周了，按《税收征收管理法》规定，企业应该自领取营业执照或者发生纳税义务之日起15日内设置账簿，而我们还没有建立账簿。现在我们有两个选择：建手工账和计算机账。您怎么考虑？"

夏羽飞："我对这个不在行。说说您的意见吧。"

赵轩："是这样的，两者各有利弊，一般来讲，刚成立的企业规模小业务量少，习惯用手工记账。但是计算机记账效率高，财务统计更快捷，更能满足需要，而且现在财务软件也不贵了，所以，我建议公司使用计算机记账。"

夏羽飞："好的，那就使用计算机记账。具体用什么软件您看着办，有了初步方案后给我做个计划。"

赵轩："好的。还有一个问题，按规定使用财务软件，前3个月要求手工记账和计算机记账并行。我们财务软件还没买回来，所以，×月份只能建手工账，等财务软件买回来后，再两者并行。”

夏羽飞：“好的，另外还有企业建账方面的具体工作，就由您来安排。决定之前我们再沟通一下。”

×月×日，赵轩在财务部办公室(财务室)召开部门会议。

赵轩：“我们公司领取营业执照已经一个多星期了，按规定企业需要在领取营业执照15日内建立账簿，也就是说，我们公司必须在×月×日前建立会计账簿。但是，由于我们的财务软件尚未选定，所以暂时只能建手工账，等财务软件买回来后，再建计算机账。下面我来分配大家的工作任务。刘涌!”

刘涌：“在!”

赵轩：“你的岗位是普通会计，主要工作任务是制单和记账。你要及时、准确完成工作，否则将影响下一环节的工作进程。”

刘涌：“知道了!”

赵轩：“张艾佳，你是出纳，主要工作就是现金、银行存款的收付与核对，有价证券的保管，现金、银行存款日记账的登记，按规定，3万元以下的报销业务要我签字，超过3万元的报销业务，必须夏总签字审核。另外，你要注意出纳工作的日清月结，及时掌握资金动态。”

张艾佳：“记住了!”

赵轩：“郭芳，你的主要工作任务是审核原始单据和填写记账凭证。你要监督并审核好，单据是会计工作的起点，一定要把好关，保证会计工作的质量。”

郭芳：“好的!”

赵轩：“王云，你是总账会计，除了要负责期末账项调整外，还要负责总账登记、稽核和会计报表的编制工作。另外，涉及税务工作主要由你负责，日常交款买发票的事可以让张艾佳去做。”

王云、张艾佳：“没问题!”

赵轩：“在工作中，大家除了要做好自己职责范围内的事外，还要记住，我们是一个集体，任何个人工作上的差错，都会影响到我们财务部的工作质量，任何一个环节的工作未能按时完成，都将影响后面环节的工作进度。所以，我们要团结协作，共同做好这份工作。”

大家都点头称是。

赵轩：“这是企业筹建期间内发生的业务发票，大家可以按规定进行会计处理。筹建期间，所有支出款项，没有支票存根的都是总经理个人以现金垫付的。”

【业务2-1】 ××年11月3日早9:00，财务室

夏羽飞：“赵轩，上次你说企业开办期需要一些周转资金，我提了50000元现金，你看够不够?”

赵轩：“应该差不多。夏总，您等一会儿，我让张艾佳给您开收据。艾佳，这是夏总借给公司的50000元，你给开个收据。”

张艾佳：“好的，夏总，这是您的收据，请收好。”

注意：实训二的原始单据详见附录A。

【业务2-2】 ××年11月3日早9:30，财务室

赵轩：“夏总把A设备股份有限公司的投资款送过来了。艾佳，你先给开个收据，然后你到附近的中信银行开立临时存款账户，把投资款存入银行。”

张艾佳："好的。夏总，这是您的 600 万元投资款的收据。邱总，这是您的 400 万元投资款的收据，请您先核对一下。"

夏羽飞、邱志："没问题。"

张艾佳："请收好。"

××年 11 月 3 日早 9:50，张艾佳来到中信银行

张艾佳："先生您好，我要开验资户并存入 1000 万元投资款。这是工商局核发的查名核准单和印章。投资款分两笔存入，其中夏羽飞投资 600 万元，A 设备股份有限公司投资 400 万元。"

柜员："好的，一共 180 元手续费。"

张艾佳："给您，这是 200 元。"

柜员："这是您的两张现金缴款单，一张是夏羽飞的，另一张是 A 设备股份有限公司的。您核对一下缴款单位名称是否正确。这两张是收款凭证。银行询证函我们会直接快递给会计师事务所。这是找您的 20 元。"

张艾佳："好的，没问题，谢谢。"

【业务 2-3】 ××年 11 月 5 日早 11:00，财务室

罗雪青："艾佳，这是我早晨去行政服务大厅办理注册登记手续的收费单据，一共 3 张收据，合计 10822 元，钱是我垫付的。"

张艾佳："罗主任，按规定报销单后面需要您签上您的名字，然后请赵经理签字。您先找他签个字好吗？"

罗雪青："好的。"

一会儿罗雪青签字回来了。

张艾佳："好的，这是 10822 元，您垫付的款项，请核对一下。"

罗雪青："没问题。"

【业务 2-4】 ××年 11 月 6 日早 10:00，财务室

罗雪青："艾佳，这是前几天在工商局指定的刻印社刻印章的发票。钱是我垫付的，赵经理已经签过字了。"

张艾佳："好的，这是 590 元。"

罗雪青："谢谢！"

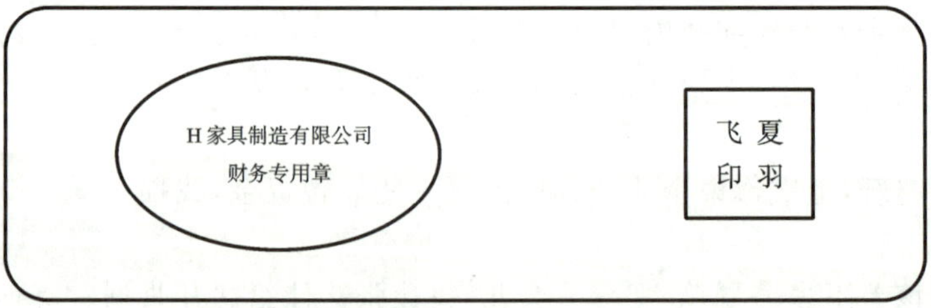

【业务 2-5】 ××年 11 月 10 日早 9:00，财务室

赵轩："艾佳，这是昨天在税务局办理税务登记的缴费收据，你收好。"

张艾佳："好的。赵经理。这是您垫付的 40 元。"

同日，赵轩到国家税务总局、地方税务局分别办理落户手续，分别从国家税务总局、地方税务局取得税种认定表。同时，向国家税务总局提交增值税一般纳税人申请表，11 月 15 日获批准。

税种登记(变更)表

纳税人名称(公章)　　　　　　　　　　　　　　　　　　　　　　填表日期:××年 11 月 10 日

税务登记号	210211777700111	税务管理号	6400011
法定代表人	夏羽飞	电话	××
登记注册类型	私营有限	国有控股 (含投资)企业	□是　☑否
行业大类	制造业	行业明细	
总机构标志	□是　☑否	登记原因	□纳税人　☑税务机关
缴纳税种	☑增值税　□消费税　□企业所得税 □外商投资企业及外国企业所得税　□个人所得税		

以下由纳税人主管税务机关填写					
增值税	征收项目	增值税		预算科目	私营企业增值税
	纳税期限	月		申报期限	15 日
	征收项目分类	城市		征收方式	查账征收
	缴纳期限	15 日		预缴期限	
	有效期起	××年 11 月 10 日		收款国库	大连银行××支行
	申报方式	网络申报		申报模式	独立申报
	税目	税率	征收率	计量单位	计量方式
	制造业	13%		元	从价
消费税	征收项目	消费税		预算科目	
	纳税期限			申报期限	
	征收项目分类			征收方式	
	缴纳期限			预缴期限	
	有效期起			收款国库	
	申报方式			申报模式	
	税目	税率	征收率	计量单位	计量方式

(正面)

企业所得税	征收项目	企业所得税		预算科目	
	纳税期限	季		申报期限	15 日
	征收项目分类			征收方式	查账征收
	缴纳期限	15 日		预缴期限	
	有效期起	××年 11 月 10 日		收款国库	大连银行××支行
	申报方式	网络申报		申报模式	独立申报
	税目	税率	征收率	计量单位	计量方式
		25%		元	从价

续表

个人存款利息所得税	征收项目	个人存款利息所得税		预算科目	
	纳税期限			申报期限	
	征收项目分类			征收方式	
	缴纳期限			预缴期限	
	有效期起			收款国库	
	申报方式			申报模式	
	税目	税率	征收率	计量单位	计量方式

纳税管理与服务事项告知书

大地税甘【××】9536 号

H 家具制造有限公司：

您(单位)已于××年 11 月 10 日办理落户登记，由甘区局管理二科负责向您提供日常管理与服务，现将有关管理与服务事项告知如下：

一、纳税申报：根据您(单位)申报资料，对应申报税种、报表及相关规定提示如下：

税　　种	税　　目	子目代码	子 目 名 称	税　　率	申 报 期 限	代缴标志
个人所得税	工资薪金所得	060100	工资薪金所得	据实申报	每月 7 日前	代扣代缴
印花税	购销合同	090103	制造—销售	0.0003	每月 10 日前	正常
印花税	购销合同	090104	制造—采购	0.0003	每月 10 日前	正常
城建税	市区	160101	增值税附征	0.07	每月 10 日前	正常
教育费附加	增值税附征	610101	增值税附征	0.03	每月 10 日前	正常
地方教育	增值税附征	880101	增值税附征	0.01	每月 10 日前	正常

财务报表名称	申报期限类型	申 报 期 限
资产负债表	季	15 日
利润表	季	15 日

注 1：您(单位)在经营期间发生提示以外的纳税义务的，应依照税收法律法规履行相关申报纳税义务，无特殊情况，税务机关不再另行书面提示。

注 2：您(单位)暂按网络申报方式申报纳税，依法自行计算申报缴纳税款。在经营过程中，经税务机关批准申报期限、申报方式、征收方式等发生变化的，按税务机关下发的相关法律文书执行。

注 3：当月申报期限、入库期限的最后一日是法定休假日的，以休假日期满的次日为期限的最后一日，在期限内有连续 3 个以上法定休假日的按休假天数顺延。

二、发票领购：纳税人首次申请领购普通发票时，需持《营业执照》(副本)、经办人身份证明、财务印章或发票专用章，填写《纳税人领购发票票种核定申请表》（背面应留有印模）向主管税务机关税收管理员提出领购普通发票申请。

三、税收管理员将于 1 个月内对您单位进行涉税基础信息核实与纳税辅导，请给予配合。

四、市内四区（含园区、直属）主管税务机关管辖的纳税人拥有坐落在外县市区的房产（土地）的，外县市区主管税务机关管辖的纳税人拥有坐落于非本行政区域内的房产（土地）的，请于跨区房产（土地）纳税义务发生之日起 15 日内，携带相关证件资料，到路区房产（土地）坐落地主管税务机关办理房产（土地）登记。

通知书一式两份，一份送达纳税人，另一份税务机关留存归档。

大连甘井子区地方税务局

××年十一月十日

【业务 2-6】 ××年 11 月 10 日早 11:30，财务室

张艾佳：“赵经理，我昨天把企业基本存款账户办好了，临时存款账户结算利息 1000 元，连同投资款全部从临时存款账户转到基本存款账户了。”

赵轩：“很好。”

张艾佳：“对了，我还买了一本现金支票和两本转账支票。我才知道，原来买支票不用付现金啊！”

赵轩：“是啊，银行直接从存款账户中扣取。”

【业务 2-7】 ××年 11 月 11 日早 9:00，××街道办事处

夏羽飞和赵轩一起来到早已看中的厂房，与街道办事处李斐主任谈厂房的买卖事宜。

夏羽飞：“李主任您好！上次我们谈过那栋厂房的事，没什么问题就按我们事先约定的条件，准备签约吧！”

李斐：“欢迎欢迎！总价款 600 万元，一次性付款优惠 1.5%，也就是 591 万元成交。”

夏羽飞：“嗯，李主任也是个爽快人！好，就这样定了。这是 591 万元的支票，您给我开个收据吧。”

李斐：“这是您的收据，您核对一下。”

夏羽飞：“没错儿。现在我们去房地产交易市场办手续？”

李斐：“好。”

在房地产交易市场，H 家具制造有限公司用转账支票支付了 29550 元的交易费，支票号 578600050；转账支付房屋买卖的印花税和契税共 239360 元。取得相关凭证均由赵轩带回公司用于会计记账。

11 月 12 日早 9:00，办公室主任罗雪青来到夏羽飞办公室。

罗雪青：“夏总，我们购买的厂房已经交付使用了。我看了一下，在厂房旁边有一栋二层小楼，正好可以做办公室，而且原来的装修还挺好，装修风格也挺大方得体，我们是不是可以不再装修了？”

夏羽飞：“呵呵，我正是这个意思。”

罗雪青：“不过，原来的办公用品已经搬走了，我们需要购买办公用品、办公设备和办公耗材。”

夏羽飞:“这件事由你来办。你先列一个清单,然后给我看看。”

罗雪青:“好的。”

随后,罗雪青列了一个需要购买的办公用品、办公设备和办公耗材的清单,经夏羽飞同意后,就开始安排有关部门购买。

11 月 12 日早 9:30,车间主任谭世俊来到夏羽飞办公室。

谭世俊:“夏总,我们的厂区和厂房收拾得差不多了,是不是该安排购买生产线设备和原材料了?”

夏羽飞:“您有什么想法?”

谭世俊:“是这样,我了解到 L 有限公司生产的全自动家具制作生产线设备比较适合我们企业使用。这种生产线设备的性价比很高,一条生产线设备大约 50 万元,两条生产线设备就能满足我们的生产需要。”

夏羽飞:“您给我份详细的产品信息,然后把赵经理给我找来。”

一会儿赵轩来到了夏羽飞办公室,三人一起讨论购买生产线设备的事。最后,三人一致决定就买 L 有限公司生产的全自动家具制作生产线设备,由谭世俊和赵轩共同负责。

【业务 2-8】 ××年 11 月 15 日早 9:00,总经理办公室

夏羽飞:“雪青,前几天说的购买办公用品、办公设备和办公耗材的事情落实得怎么样了?”

罗雪青:“夏总,我正要跟您汇报一下呢。因为我们购买的都是通用办公用品、办公设备和办公耗材,所以第二天就已经敲定供应商,估计今天就能送到。”

夏羽飞:“听说现在购买办公用品、办公设备和办公耗材的发票可以抵扣增值税?”

罗雪青:“是的。我要求供应商开具增值税专用发票了。”

夏羽飞:“货款怎么支付?”

罗雪青:“我已经向财务部申请转账支票了,其中:购买办公用品一张,金额 30600.40 元;办公设备一张,金额 66670 元;办公耗材一张,金额 858.80 元。”

夏羽飞:“为什么要开好几张支票?”

罗雪青:“是这样的,我们是从不同的供应商那里购买的东西。办公用品是从 S 家具大世界买的,办公设备是从 M 电子城买的,办公耗材是从 N 制作有限公司购买的。”

夏羽飞:“很好。东西送到后,你负责验收,然后就按原计划,直接交各部门使用吧。”

罗雪青:“好的。”

【业务 2-9】 ××年 11 月 22 日,采购部经理江若岩和销售主管宫小威进入夏总办公室,汇报市场拓展情况

江若岩:“夏总,经过我们的努力,到目前为止,已经有 3 个单位跟我们签订了购销合同,我整理一下,我们需要到 12 月底之前供应 3000 张 2 人桌和 3000 张 3 人桌,是不是该安排采购材料了?”

夏羽飞:“好,你准备一下采购计划,我审阅后,去财务部申请款项。”

江若岩:“采购计划我已经做好了,除了生产所需材料之外,我还考虑了主要材料的保险储备。”

夏羽飞:“非常好!”

【业务 2-10】 ××年 11 月 22 日早 9:00,财务部

江若岩:“赵经理,我已经请示夏总要购买主要材料和辅助材料,夏总同意了。所以我想申请两张支票,一张是给 D 建材公司,金额是 854280 元;一张是给 C 装饰材料公司,金额是 62828 元。”

赵轩:“好的,我让张艾佳开给您。记得要对方开具增值税专用发票。”

江若岩:“好的。”

下午,江若岩将取得的增值税专用发票交给财务部,购买的主要材料和辅助材料已办妥入库手续。

【业务 2-11】 ××年 11 月 24 日早 9:30,总经理办公室

谭世俊:“夏总,我们签订的第一批订单 1000 张 2 人桌和 1000 张 3 人桌,要求 12 月 6 日交货,我们的生产周期是 10 天。是不是该组织生产了?”

夏羽飞:“是的。生产线第一次投入使用,时间不要安排得太仓促了。生产线调试得怎么样?”

谭世俊:“目前一切都很好。”

夏羽飞:“好,那就按程序组织生产吧。具体的生产你来安排,事先告诉我一下就可以了。”

谭世俊:“好的,我这就安排领料。”

【业务 2-12】 ××年 11 月 30 日早 9:00,财务部

胡美玲:“赵经理,这个月的工资表做好了,您看一下。”

赵轩:“工资怎么这么少? 怎么生产工人的实发工资还不到 1000 元?”

胡美玲:“是这样的,签合同时就和工人讲好了,11 月份是筹建期,除主要筹建人员外,大部分员工并未开展实质性工作,故只发半个月工资。”

赵轩:“哦,那就没问题了。”

任务要求

任务单

班级			小组		
成员					
学习单元	实训二　建账				
任务编号	2.1	任务名称	建账	完成时间	20学时
准备工作	1. 做好手工建账的常规准备工作； 2. 做好计算机建账的常规准备工作。				
任务描述	1. 计算相关指标手工账簿； 2. 填制会计电算化账簿。				
任务要求	1. 建立总分类账； 2. 建立现金日记账、银行存款日记账； 3. 建立三栏式明细账； 4. 整理所有账户的期初余额。				
成果提交	1. 展示纸质总账、明细账和日记账账簿； 2. 展示打印会计电算化账簿； 3. 保管会计账簿； 4. 提交平台各种会计账簿。				

任务实施

任务一　建账流程(会计主管负责)

一、建账流程

(1) 会计主管根据业务选择公司应设置的总账科目。
(2) 会计主管填写总账科目。
(3) 记账会计填写明细账。
(4) 出纳开启日记账。

建立手工账簿业务流程,如图 2-1 所示。

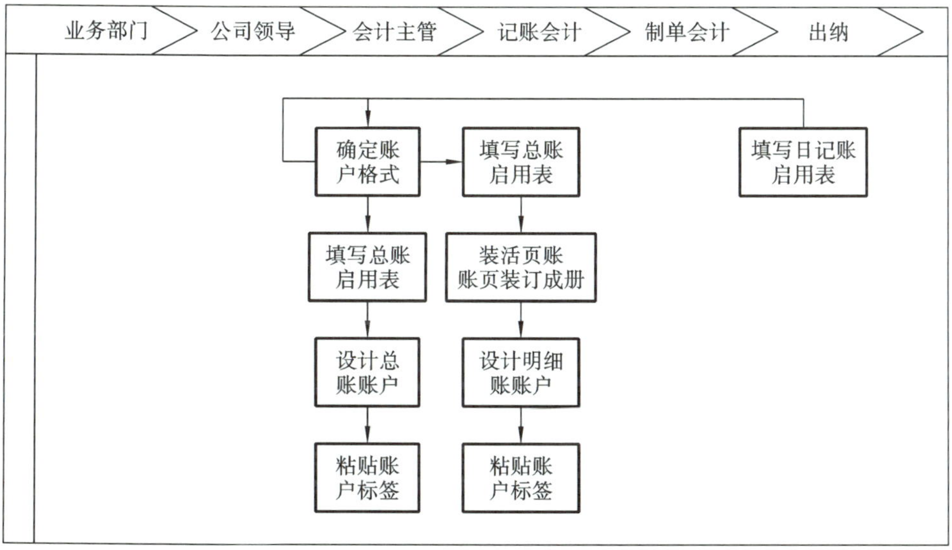

图 2-1　建立手工账簿业务流程

二、注意的问题

购置账簿后,可以参照《企业会计准则——应用指南》中对会计科目设置的规定,结合自己单位所属行业和企业管理需要,依次从资产类、负债类、所有者权益类、成本类、损益类中选择出应设置的会计科目。

任务二　报销业务

一、操作流程

（1）首先，由业务人员根据原始凭证编制报销凭证，经部门负责人审批后交财务部审批。

（2）财务部编制付款凭证并送交出纳付款，出纳核实无误后付款并登记日记账，然后将付款凭证交会计部门登记有关费用明细，有关材料归档。

（3）公司各部门经理按总经理下发权限审核、核准，超出权限的交由总经理核准。费用报销由报销人填写，各部门负责人依权限签字确认。

费用报销业务流程，如图 2-2 所示。

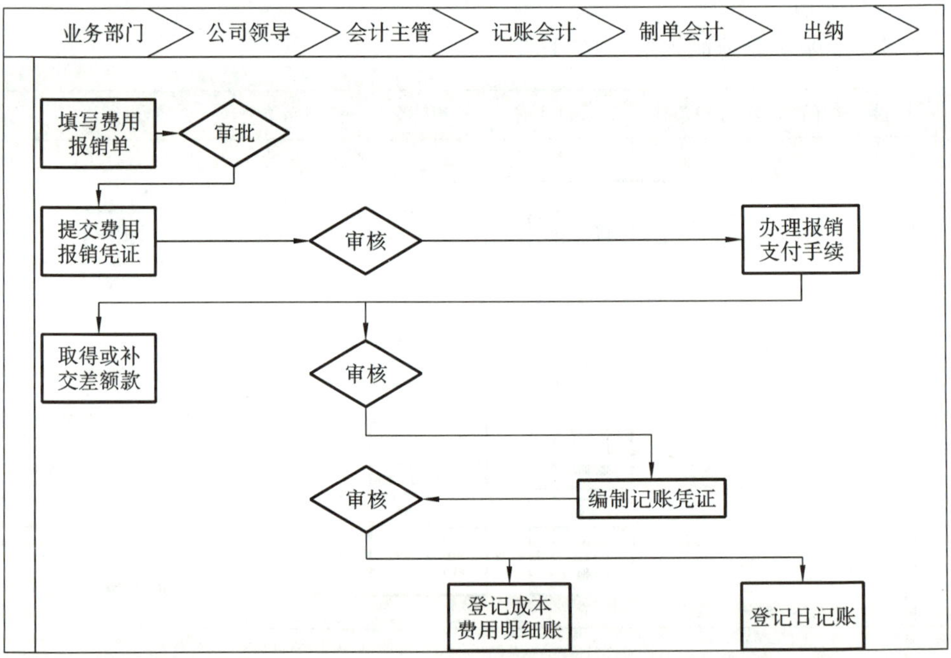

图 2-2　费用报销业务流程

二、注意的问题

（1）费用经办人应及时到财务部办理报销手续，不允许跨期报销费用。

（2）报销单据粘贴时，要将原始单据剪齐边角，正面朝上（与报销单据同向）粘贴在报销单的反面左边。

(3) 用蓝色或黑色钢笔、签字笔如实填写报销单的各项内容,如报销时间、报销人、费用摘要、单据张数等。

(4) 采购类经营费用,需凭有效的“请购单”和发票到仓库办理物品验收入库手续,并将“请购单”“入库单”附在报销单据的后面。

(5) 非采购类的行政、办公或其他费用,直接填制报销单据。

费用报销单据由财务部会计按顺序编制记账凭证,月末财务部经理审核后,由会计根据会计核算制度汇总、记账、编制相关财务分析报表。所有报销的费用单据,由财务部加密长期保存。

教师点拨

(1)《中华人民共和国会计法》第一章第三条规定:各单位必须依法设置会计账簿,并保证其真实、完整。即依法建账。作为一名会计人员应当诚信守法,不得私设账簿,区分内外账。

(2) 在本次的学习中,要着重注意规章制度的建立和执行,即规则、措施、办法和流程的制定和落实,具备一定的规则意识。在筹建期间,应本着厉行节约的原则,提高资源的利用效率,提升会计人员的专业素质,强化服务意识。

任务评价

任务评价表

学习单元：　　　　　　　姓名：　　　　　　班级：　　　　　　小组：

考核项目		权重	考核内容及评分标准	考核得分		
				小组评价（40%）	教师评价（60%）	综合得分
专业技能（60%）	总账账簿的设立	10	总账账簿设立齐全、正确，每处错误扣____分			
	明细账的设置	15	明细分类账簿设置完整、正确，每处错误扣____分，每少设置一处扣____分			
	日记账的设置	10	出纳日记账账簿设置完整、正确，每处错误扣____分			
	筹建费用的报销	15	业务处理流程正确，业务单据编制正确，每处错误扣____分			
	计算机操作方式下会计核算	10	录入账簿正确，期初金额登记完整与准确，每处错误扣____分			
职业素养（40%）	组织纪律	20	服从组长安排，不旷工、不迟到和不早退，有纪律观念，不做与项目无关的事情			
	沟通协作	10	分工合理，按规定流程进行操作，进行有效沟通，有团队意识			
	工作态度	5	工作积极主动，认真负责，恪守诚信，追求严谨的工匠精神			
	工作效率	5	能有效利用各种工具，按时完成任务，效率快，质量高			
合计						

实训三　企业日常业务处理

任务目标

• **知识目标：**

（1）了解会计账簿的设置方式。

（2）熟悉企业经济业务的处理流程。

（3）掌握企业经济业务的账务处理方法。

知识储备

• **能力目标：**

（1）能根据业务描述做出正确的职业判断并进行相应的账务处理。

（2）能掌握会计核算流程。

• **素质目标：**

（1）培养学生的沟通交流能力以及社会认知能力。

（2）培养学生的职业能力和职业道德修养。

任务情境

夏羽飞的公司已经正式投入生产，目前各方面运转正常。这一天，赵轩来到总经理办公室。

赵轩："夏总，您找我？"

夏羽飞："是啊。前几天老金的公司出了一些问题，出纳挪用公款50多万，过了两年才发现。"

赵轩："哦，那是他们的内部管理出了一些问题。"

夏羽飞："这么说，我们公司的财务制度已经充分考虑这方面问题了？"

赵轩："是的。其实财政部颁布的《会计基础工作规范》，对会计基础工作的管理、会计机构和会计人员、会计人员职业道德、会计核算、会计监督、单位内部会计管理制度建设等问题做出了全面规范。规范中还特别强调，会计工作岗位可以一人一岗、一人多岗或者一岗多人，但应当符合内部牵制制度的要求，出纳人员不得兼管稽核、会计档案保管和收入、费用、债权债务账目的登记工作。同时规定，会计人员的工作岗位应当有计划地进行轮换。如果金总的公司做到了这些，想必就不会出现这样的问题了。”

夏羽飞：“这么说，对资产安全来说，最主要的就是内部牵制和轮岗了？”

赵轩：“嗯，但不能这么绝对。内部牵制是必需的，轮岗要适度，否则会影响工作的开展。另外，我认为适度的授权也是必要的。比如说，报销业务，多少元以下部门经理就可以签字，超过限额必须总经理签字。这样既可以提高工作效率，提高部门工作积极性，又可以把总经理从琐事中解放出来，全心考虑一些大事。”

夏羽飞：“嗯，你再考虑一下，从细节上规范我们的财务工作，并且在年底前制定出企业的内部控制制度。”

赵轩：“好的。”

【业务3-1】 ××年12月1日早9:00，财务室

赵轩：“艾佳，你看一下我们的库存现金还有多少余额？”

张艾佳：“还有30000元。”

赵轩：“一会儿签一张转账支票，金额20000元，把夏总垫付的开办费50000元还了吧。”

张艾佳：“好的，我马上办。”

一小时后，张艾佳来到赵轩的办公室。

张艾佳：“赵经理，夏总的垫付款已经还清了，这是夏总签的收据。”

赵轩：“很好。”

注意：实训三的原始单据详见附录B。

【业务3-2】 ××年12月5日早9:00，财务室

赵轩：“艾佳，你把这张转账支票和工资表送到银行，准备发工资了。”

张艾佳：“好的。”

【业务3-3】 ××年12月8日早8:30，财务室

王云：“艾佳，这是我做好的代扣代缴个人所得税计算表，你到税务局营业大厅办理纳税申报吧。”

张艾佳：“我需要做些什么？”

王云：“你拿着填好的纳税申报表到地方税务局营业大厅进行纳税申报，工作人员会打印一式三联税收缴款通知书给你。你拿着税收缴款通知书到开户银行办理缴款手续，银行从账户扣款后，会在税收缴款通知书的第一联上盖章，你把盖章的税收缴款通知书拿回来留做企业完税的记账凭证。”

张艾佳：“好的，我马上去。”

【业务3-4】 ××年12月8日早10:00，财务室

王云：“艾佳，我们单位应交的住房公积金我已经算好了，一会儿你拿着转账支票去住房资金管理中心把住房公积金交了吧。”

张艾佳：“好的。”

中午，张艾佳办妥住房公积金缴纳手续，带回“住房公积金汇(补)缴书”。

【业务3-5】 ××年12月8日12:00，财务室

王云：“艾佳，员工扣缴的社保资金连同我们单位应负担的资金我已经算好了，一会

儿你拿着转账支票去社会保险中心把保险交了吧。”

张艾佳:“好的。”

中午,张艾佳办妥社保缴纳手续,带回“社会保险基金专用收据”。

【业务 3-6】 ××年 12 月 10 日早 10:00,销售部办公室

宫小威:“王主管,G 会展有限公司带着转账支票来提货了。丽丽已经把发票开好了,您给办一下收款手续吧。”

王云:“好的。”

王云检查支票无误,在发票上盖章后交给宫小威。

王云:“可以了。艾佳,你把支票上的钱存入银行吧。”

张艾佳:“好的。”

一会儿,张艾佳带着“大连银行进账单”回来了。

【业务 3-7】 ××年 12 月 15 日早 9:00,财务室

江若岩:“赵经理,我联系了一个新的原材料供应商,比原来那家要便宜,质量也很好。不过对方要求预付款。夏总同意了。”

赵轩:“这个没问题。需要预付多少钱?”

江若岩:“5 万元,电汇。”

赵轩:“好的,今天上午就汇款。”

【业务 3-8】 ××年 12 月 15 日早 9:00,总经理办公室

赵轩:“夏总,目前我们公司的供产销一切运行顺利,您看是否需要考虑扩大经营范围?”

夏羽飞:“你有什么想法?”

赵轩:“是这样的,我了解了一个项目很值得投资。如果决定投资的话,我们目前的资金有缺口,是不是考虑从银行贷款?”

夏羽飞:“需要贷多少钱? 贷多长时间?”

赵轩:“我详细地计算了,贷 100 万元为期 6 个月就可以。”

夏羽飞:“6 个月? 如果投资的话,投资期这么短吗?”

赵轩:“不是的。我们的经营一切顺利,6 个月后,我们的账面资金会有 100 多万元的积累,就可以偿还贷款了。”

夏羽飞:“好的,就这么办吧,贷款 100 万元,为期 6 个月。”

当日,赵轩办妥贷款手续,资金到账。

【业务 3-9】 ××年 12 月 16 日早 8:30,财务室

赵轩:“艾佳,你去银行办理 15000 元的银行汇票,给采购部江若岩来购买检测设备。”

张艾佳:“好的。”

十点,张艾佳办妥银行汇票,并交给江若岩。

【业务 3-10】 ××年 12 月 16 日早 10:00,财务室

江若岩:“王主管,这是购买生产用检测设备的发票,价税合计 14040.25 元,尾款 959.75 元直接转入银行了。”

王云:“好的。”

【业务 3-11】 ××年 12 月 16 日早 10:00,财务室

江若岩:“王主管,这是从大连宏达物资公司购买辅助材料的增值税发票。货已经验收入库。”

王云:“好的。”

随后,王云收到了仓库转来的“材料入库单”。

【业务 3-12】 ××年 12 月 18 日早 9:00,财务室

谭世俊:“赵经理,我需要买一点儿设备,来安装新购买的检测设备,给我签一张转账支票吧。”

赵轩:“多少钱?”

谭世俊:“价税合计 2000 元。”

赵轩:“您稍等……给您,尽快把发票送来。”

谭世俊:“好的。”

中午,谭世俊把购买水泥的发票送到财务室。水泥直接被车间领用。

【业务 3-13】 ××年 12 月 19 日早 10:00,财务室

江若岩:“王主管,15 日以预付款方式购买的原材料已经验收入库了,这是对方开具的增值税专用发票,您收好。”

王云:“好的,谢谢!”

【业务 3-14】 ××年 12 月 19 日早 11:00,财务室

张艾佳:“王主管,这是今天车间送来的设备安装完毕交付使用的单子。”

王云:“好的,谢谢您!”

【业务 3-15】 ××年 12 月 20 日早 10:00,财务室

张艾佳:“刘涌,我把银行代付电费发票拿回来了,是增值税专用发票。”

刘涌:“哦,这个费用需要在车间和厂部之间分配,一会儿我做个电费分配表。价税合计 27834.16 元,其中车间 23600 元,厂部 1032 元,进项税 3202.16 元。”

【业务 3-16】 ××年 12 月 22 日早 10:00,财务室

曲丽丽:“艾佳,这是销售给 X 会议中心 2000 张 2 人桌和 2000 张 3 人桌的增值税专用发票,价税合计 791000 元。已经收到 80%的货款 632800 元,这是转账支票。另有 158200 元暂时未收到。”

张艾佳:“2 人桌单价 150 元,3 人桌单价 200 元,对吗?”

曲丽丽:“对。”

【业务 3-17】 ××年 12 月 22 日早 10:00,财务室

王云:“艾佳,车间销售边角料取得 1800 元现金收入。这是销售表、收据和钱,你去存银行吧。”

张艾佳:“好的。”

【业务 3-18】 ××年 12 月 22 日至 12 月 23 日早 10:00,财务室

曲丽丽:“艾佳,这是销售给 X 会议中心 200 张 2 人桌和 200 张 3 人桌的增值税专用发票,价税合计 79100 元。对方开具 30 天承兑汇票付款,汇票面值 79100 元。”

张艾佳:“2 人桌单价 150 元,3 人桌单价 200 元,对吗?”

曲丽丽:“对。”

【业务 3-19】 ××年 12 月 23 日早 11:00,财务室

张艾佳:"王主管,我把银行扣收借款利息的回单取回来了,共计 986.30 元。"

王云:"好的。"

【业务 3-20】 ××年 12 月 24 日早 9:00,财务室

赵轩:"山东 K 公司板材厂的材料我们早已收到。按照约定,剩下的款项该支付了。艾佳,你去一趟银行吧。"

张艾佳:"好的。"

一会儿,张艾佳拿着补付山东 K 公司板材厂货款 41530 元的电汇凭证,连同电汇手续费 10.5 元回单回来了。

【业务 3-21】 ××年 12 月 25 日早 10:00,财务室

谭世俊:"车间需要买 100 个零件,每个 10 块钱。我需要申请一张转账支票。"

赵轩:"请稍等。给您!"

谭世俊:"谢谢!"

中午,谭世俊把购买零件的增值税专用发票送到财务部。同时,仓库把零件验收单和领用单一并送给财务部。

【业务 3-22】 ××年 12 月 29 日早 10:00,财务室

曲丽丽:"艾佳,这是销售给 E 公司 1000 张 2 人桌和 1000 张 3 人桌的增值税专用发票,价税合计 395500 元。款暂时未收到。"

张艾佳:"2 人桌单价 150 元,3 人桌单价 200 元,对吗?"

曲丽丽:"对。"

【业务 3-23】 ××年 12 月 31 日早 9:00,银行营业大厅

张艾佳:"请问,现在的银行贴现率是多少?"

柜员:"6%。"

张艾佳:"好的,我这张商业汇票要贴现。"

柜员:"请稍等,贴现息 303 元。钱已转入公司账户。"

张艾佳:"好的,谢谢您!"

任务要求

任务单

<table>
<tr><td>班级</td><td colspan="3"></td><td>小组</td><td colspan="2"></td></tr>
<tr><td>成员</td><td colspan="6"></td></tr>
<tr><td>学习单元</td><td colspan="6">实训三　企业日常业务处理</td></tr>
<tr><td>任务编号</td><td>3.1</td><td>任务名称</td><td>企业日常业务处理</td><td>完成时间</td><td colspan="2">30 学时</td></tr>
<tr><td>准备工作</td><td colspan="6">1. 做好手工业务处理的常规准备工作；
2. 做好计算机业务处理的常规准备工作。</td></tr>
<tr><td>任务描述</td><td colspan="6">1. 准确进行计算；
2. 能够正常进行会计核算。</td></tr>
<tr><td>任务要求</td><td colspan="6">1. 能够在规定的时间内，为模拟企业经济业务编制会计分录；
2. 登记日记账，试算平衡，并进行登记分类账、总账工作；
3. 能根据业务描述做出正确的职业判断，并进行相应的账务处理；
4. 熟悉购销业务的具体控制流程，理解存货的管理方法。</td></tr>
<tr><td>成果提交</td><td colspan="6">1. 展示纸质会计凭证；
2. 展示电子记账凭证；
3. 自行保管会计凭证；
4. 提交平台相关内容。</td></tr>
</table>

任务实施

任务一　供应阶段的核算(业务 3-1 至业务 3-10,记账会计负责)

一、操作流程

(一) 手工处理

(1) 记账会计根据发票填制材料入库单中的实际成本。

(2) 会计主管审核付款报告书、发票和材料入库单。

(3) 出纳根据审核无误的付款报告书、发票、材料入库单和经过审批的支票付款申请书,签发转账支票支付货款,登记支票登记簿。

(4) 会计主管审核转账支票存根。

(5) 制单会计根据审核无误的付款报告书、发票、材料入库单和转账支票存根填制记账凭证。存货采购业务流程,如图 3-1 所示。

(二) 电算化处理

(1) 会计主管在“应付款管理”“应付单据处理”中,根据已现结发票查询并审核应付单。

(2) 制单会计在“应付款管理”“制单处理”中,选择“发票制单”和“现结制单”以及“应付单”生成付款凭证。

(3) 记账会计在“存货核算”“业务核算”中,进行单据记账。

(4) 制单会计在“存货核算”“财务核算”中,根据采购入库单生成转账凭证。

二、注意事项

(1) 外购材料取得时的实际成本按采购成本确定。根据《企业会计准则》规定,存货的采购成本包括购买价款、相关税费、运输费、装卸费、保险费以及其他可归属于存货采购成本的费用。

(2) 根据增值税有关税法规定,增值税是价外税,作为增值税一般纳税人,购进货物

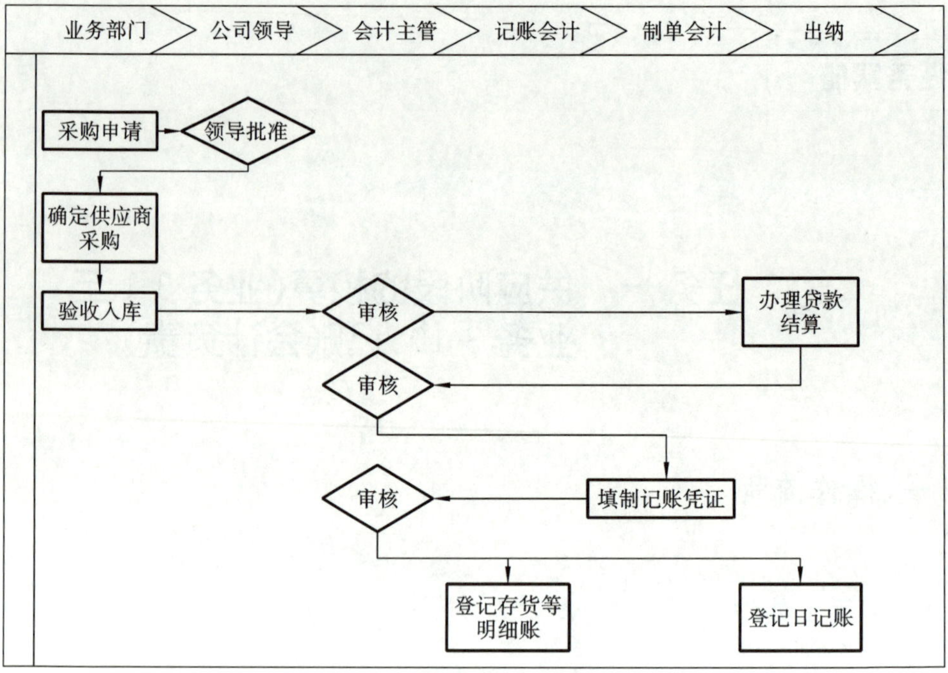

图 3-1　存货采购业务流程

支付或者负担的增值税税额，为进项税额，准予从销项税额中抵扣，不能计入存货采购成本；购进货物中支付运输费用的，按照运输费用结算单据上注明的运输费用金额和9%的扣除率计算的进项税额：运输费用的进项税额＝运输费用金额×扣除率。

（3）根据“企业内部会计制度”规定，原材料采用实际成本核算，发出原材料的实际成本采用移动加权平均法确定，因此，在每收入一批原材料时都要重新计算一次加权平均单价。

$$\text{存货移动加权平均单价}=\frac{\text{以前结存存货总成本}+\text{本批收入存货成本}}{\text{以前结存存货数量}+\text{本批收入存货数量}}$$

任务二　生产阶段的核算（业务3-11至业务3-20，记账会计负责）

一、操作流程

（一）手工处理

（1）记账会计根据基本生产成本明细账、月末在产品盘存表、产成品入库单，采用约当产量法编制完工产品与月末在产品成本分配表。按照本企业财务制度规定，产品成本采用品种法计算，月末，采用约当产量法将生产费用在完工产品与未完工产品之间进行分配，编制完工产品与月末在产品成本分配表。

(2) 会计主管审核各产品完工产品与月末在产品成本分配表。

(3) 记账会计编制根据各产品完工产品与月末在产品成本分配表和产成品入库单，汇总编制完工产品成本汇总表。

(4) 会计主管审核完工产品成本汇总表。

(5) 制单会计根据审核无误的完工产品成本汇总表、各产品的完工产品与月末在产品成本分配表及产成品入库单、月末盘存表，填制记账凭证。

产品成本计算业务流程，如图 3-2 所示。

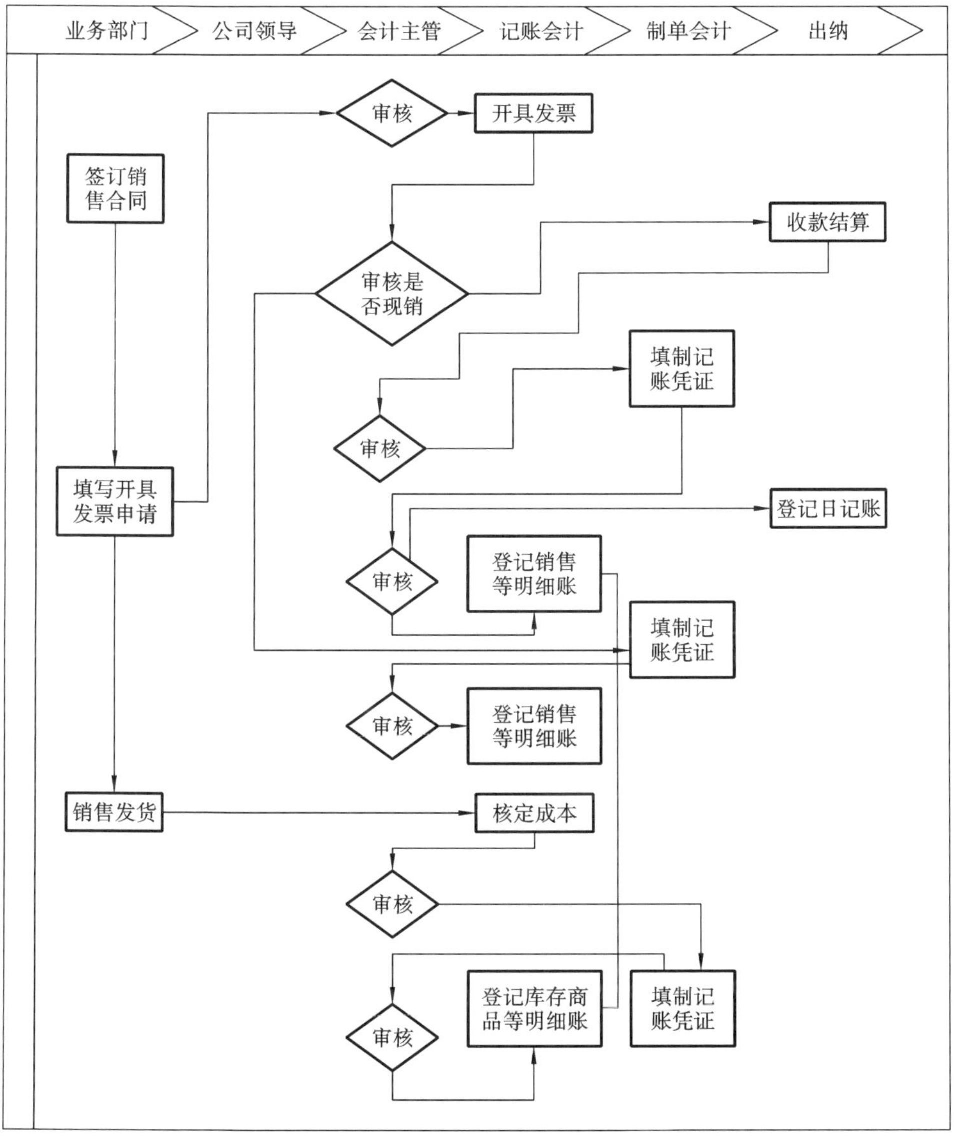

图 3-2 产品成本计算业务流程

（二）电算化处理

(1) 生产领料，要采用合理的计价方法，注意权限的划分。

(2) 登录工资模块，工资总额是指各企业在一定时期内直接支付给本单位全部职工的劳动报酬总额。对工资进行处理，尤其注意专项附加扣除的填写。

(3) 登记制造费用时，注意分配标准的选择。

二、注意事项

根据“企业内部会计制度”规定，产成品按实际成本进行核算，完工产成品成本采用品种法计算，生产费用采用约当产量法在完工产品和月末在产品之间分配；发出产成品成本采用全月一次加权平均法确定。因此，月末才能计算并结转入库产成品的实际成本和发出产成品的实际成本。因此，产成品的收入、发出，平时不需结转收入和发出产成品的成本。

任务三　销售阶段的核算(业务 3-21 至业务 3-23，记账会计负责)

一、操作流程

（一）手工处理

(1) 记账会计根据经审批的发票申请，开具增值税专用发票。

(2) 出纳收到销售部门交来的转账支票，登记银行收款结算凭证登记簿，并进行转账支票背书，填写一式三联进账单，将收到的转账支票连同进账单送到银行办理进账手续。办理完转账手续，银行柜员将进账单的回单联给出纳带回备查。银行为本企业转账收妥转账支票款后，将进账单的收账通知联给本企业据以入账。

(3) 会计主管审核增值税专用发票记账联、进账单收账通知联、产成品出库单。

(4) 制单会计根据审核无误的增值税专用发票记账联和银行进账单收账通知联填制记账凭证。

（二）电算化处理

(1) 会计主管在“应收款管理”中，根据发票查询并审核应收单。

(2) 制单会计在“应收款管理”“制单处理”中，选择“发票制单”生成收款凭证。

（3）记账会计进行记账。

二、注意事项

根据“企业内部会计制度”规定，发出产成品的实际成本采用全月一次加权平均法确定，因此，平时无法确定发出产成品的实际成本，只有月末才能确定。所以，平时发出产成品时无需结转发出产成品的成本，只需根据产成品出库单登记“库存商品”明细账中的发出数量即可，待月末按全月一次加权平均法计算出本月发出产成品的成本后，再汇总结转本月发出产成品的成本。

教师点拨

（1）企业日常业务的处理是企业财务的关键所在，日常业务包括供应、生产和销售三个阶段，是产生和创造价值的过程，在本实训的学习过程中，要严守会计 16 字箴言，即诚信为本，操守为重，坚持准则，不做假账。

（2）同时鉴于日常业务繁杂的特点，要树立工匠精神，在工作中做到细致严谨，精益求精。要具有坚持不懈，执着专注的敬业精神。

任务评价

任务评价表

学习单元：　　　　姓名：　　　　班级：　　　　小组：

考核项目		权重	考核内容及评分标准	考核得分		
				小组评价（40%）	教师评价（60%）	综合得分
专业技能（60%）	供应阶段的核算	10	各种原始凭证填制齐全、正确，记账凭证准确，每处错误扣____分			
	生产阶段的核算	15	生产阶段凭证填制和计算机录入完整、正确，每处错误扣____分，每少一张凭证扣____分			
	销售阶段的核算	10	销售业务登记完整、正确，每处错误扣____分			
	成本的计算	15	成本计算正确，业务单据编制正确，每处错误扣____分			
	计算机操作方式下会计核算	10	录入或生成的记账凭证正确，凭证审核和记账正确，每处错误扣____分			
职业素养（40%）	组织纪律	20	服从组长安排，不旷工，不迟到，不早退，纪律观念强，不做与项目无关的事情			
	沟通协作	10	分工合理，按规定流程进行操作，进行有效沟通，团队意识强			
	工作态度	5	工作积极主动，认真负责，恪守诚信，追求严谨，有工匠精神			
	工作效率	5	保持良好的工作环境，有效利用各种工具，按时完成任务，效率快，质量高			
合计						

实训四　期末会计事项处理

任务目标

- **知识目标：**

（1）了解期末账项调整的内容。

（2）熟悉企业年终所得税的计算。

（3）掌握企业期末损益的计算和结转。

知识储备

- **能力目标：**

（1）能根据业务描述做出正确的职业判断，并进行相应的账务处理。

（2）能掌握利润分配的计算和会计核算方法。

- **素质目标：**

（1）培养学生的交流沟通以及社会认知能力。

（2）培养学生准确计算和核算的能力，具有细致、诚信的职业素养。

任务情境

××年 12 月 31 日上午 10 点，全体财务人员在赵轩的办公室召开会议。

赵轩："大家好，今天是××年的最后一天，从现在开始，我们就要进入紧张的年终结账及汇算清缴阶段，希望大家要抓紧时间，不要影响后面的工作。张艾佳，你工作进展得怎么样了，有问题吗？"

张艾佳："日记账已经登记完毕，银行对账单还要等几天才能拿到。"

赵轩："嗯，一会儿，我和王云去清点一下你的现金库，你准备一下。"

张艾佳："好的。"

郭芳："我这里的记账凭证全部填写完成。"

赵轩："刘涌，你工作上有什么困难吗？需要我帮忙吗？"

刘涌："您上次安排我准备的财产清查单据已经准备齐全，您看一下还需要补充什么内容？"

赵轩:“好,一会儿送过来。我已经通知各部门让他们做好财产清查的准备工作,从明天开始,我们要进行财产实地盘点,我们分一下工吧。”

【业务4-1】 月末,王云收到人力资源部发来的本月的职工工资表,编制工资表

注意:实训四的原始单据详见附录C。

【业务4-2】 按会计准则规定一次摊销开办费

【业务4-3】 结转本月发出材料成本

【业务4-4】 按材料成本分配本月制造费用

【业务4-5】 完工产品入库,2人桌4000张,3人桌4000张,结转完工产品入库成本,编制完工产品成本汇总表

【业务4-6】 结转本月销售产品生产成本

【业务4-7】 期末结转本期损益

【业务4-8】 计提并结转所得税费用

【业务4-9】 结转本年利润

【业务4-10】 年终结账

任务要求

任务单

班级			小组		
成员					
学习单元	实训四　期末会计事项处理				
任务编号	4.1	任务名称	期末会计事项处理	完成时间	12学时
准备工作	1. 做好手工事项处理的常规准备工作； 2. 做好计算机事项处理的常规准备工作。				
任务描述	1. 核对手工账； 2. 核对电子账。				
任务要求	1. 成本的计算； 2. 结转损益； 3. 计算并结转所得税； 4. 计算并结转利润。				
成果提交	1. 展示纸质记账凭证； 2. 展示所得税计算表； 3. 展示打印电算化资料； 4. 自行保管内容； 5. 提交平台内容； 将上述业务电算化方式填制的记账凭证文件和计算表通过教学平台上交。				

任务实施

任务一　成本的计算(业务4-1至业务4-6,记账会计负责)

一、操作流程

(一)手工处理

(1) 记账会计根据基本生产成本明细账、月末在产品盘存表、产成品入库单,采用约当产量法编制完工产品与月末在产品成本分配表。按照本企业财务制度规定,产品成本采用品种法计算,月末,采用约当产量法将生产费用在完工产品与在产品之间进行分配,编制完工产品与月末在产品成本分配表。

(2) 会计主管审核各产品完工产品与月末在产品成本分配表。

(3) 记账会计编制根据各产品的完工产品与月末在产品成本分配表和产成品入库单,汇总编制完工产品成本汇总表。

(4) 会计主管审核完工产品成本汇总表。

(5) 制单会计根据审核无误的完工产品成本汇总表、各产品的完工产品与月末在产品成本分配表及产成品入库单、月末盘存表,填制记账凭证。产品成本计算业务流程,如图4-1所示。

(二)电算化处理

(1) 产成品库管员在“库存管理”中,修改本月填制的产成品入库单,输入手工计算好的产成品价格,责任人审核。

(2) 记账会计在“存货核算”中,进行正常单据记账。

(3) 制单会计在“存货核算”“生成凭证”中,根据产成品入库单编制产成品成本的转账凭证。

二、注意事项

(1) 会计编制完工产品与月末在产品成本分配表、完工产品成本汇总表,交主管审核

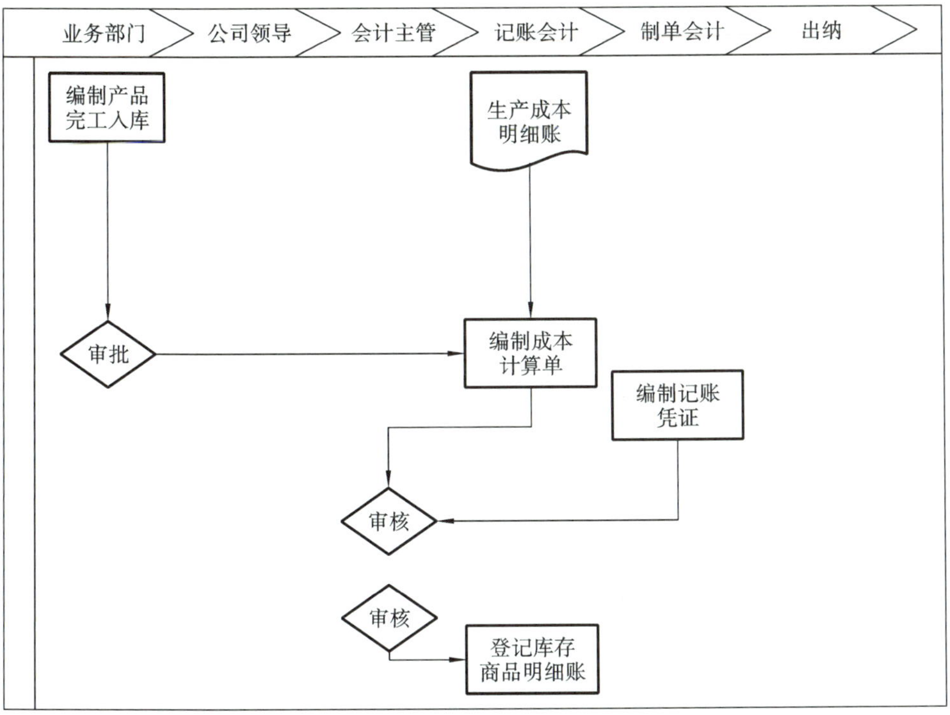

图 4-1　产品成本计算业务流程

签字。

(2) 会计人员计算发出产品的加权平均单价，填制产品出库汇总表、发出产品成本计算表，交主管审核签字。

(3) 会计人员填制记账凭证，交会计主管审核签字，会计人员将记账凭证录入财务软件系统。

任务二　结转损益(业务 4-7，总账会计负责)

一、操作流程：利润核算：结转期间损益

(一) 手工处理

(1) 记账会计结计当前损益类账户发生额及余额。

在各损益类账户最后一笔业务下面结计“本月合计”，并在其上下各画一条通栏红线。

(2) 制单会计根据结计的各损益类账户明细账中当前的账户余额，填制记账凭证。

（二）电算化处理

（1）制单会计在“总账”中，采用“期间损益”方式，设置凭证类型，本年利润科目代码为 4103。

（2）制单会计在“总账”中，采用“期间损益结转”方式，根据收入、支出类型进行结转处理，生成期间损益结转的转账凭证。

（3）会计主管审核，记账会计记账。

二、注意事项

本笔业务的记账凭证后面一般不需要附原始凭证。登账时，如果是手工记账，由于多栏式明细账一般只有借方或贷方，因此，该笔业务登记明细账时，“借方金额分析”栏或“贷方金额分析”栏应该用红笔登记。

任务三　计算并结转所得税（业务 4-8，总账会计负责）

一、操作流程：利润核算：计算并结转企业所得税

（一）手工处理

（1）记账会计根据企业所得税法和本企业会计制度的有关规定，利用各损益类账户的本月发生额、资产负债表和相关会计账簿记录，计算企业所得税，编制企业所得税计算表。

（2）会计主管审核企业所得税计算表。主要审核纳税调整项目的合法性以及计算结果的准确性。

（3）制单会计根据审核无误的企业所得税计算表，填制计算本月应交企业所得税的记账凭证和结转所得税的记账凭证。

（二）电算化处理

（1）本月企业所得税在总账系统中直接填制手工计算的转账凭证并审核、记账。

（2）记账会计在“总账”中，采用“对应结转”方式，对科目 0004 结转所得税费用进行结转处理，转出科目为 6801，转入科目为 4103，生成结转所得税费用的转账凭证。

（3）会计主管审核，记账会计记账。

二、注意事项

(1) 计算本月应交的企业所得税的记账凭证后面应附有原始凭证，该原始凭证就是应交企业所得税计算表，而结转所得税费用记账凭证不需要原始凭证。

(2) 结转本年利润的记账凭证后面不需要附原始凭证。

任务四　计算并结转利润(业务 4-9、业务 4-10，总账会计负责)

操作流程：利润分配核算——年终结转本年利润。

(1) 记账会计结计本年净利润和净损失。

(2) 制单会计根据结计的本年净利润和净损失，编制结转本年利润的记账凭证，将净利润转入“利润分配——未分配利润”账户的贷方(如果是净损失则转入借方)。

期末结转利润分配明细账业务流程，如图 4-2 所示。

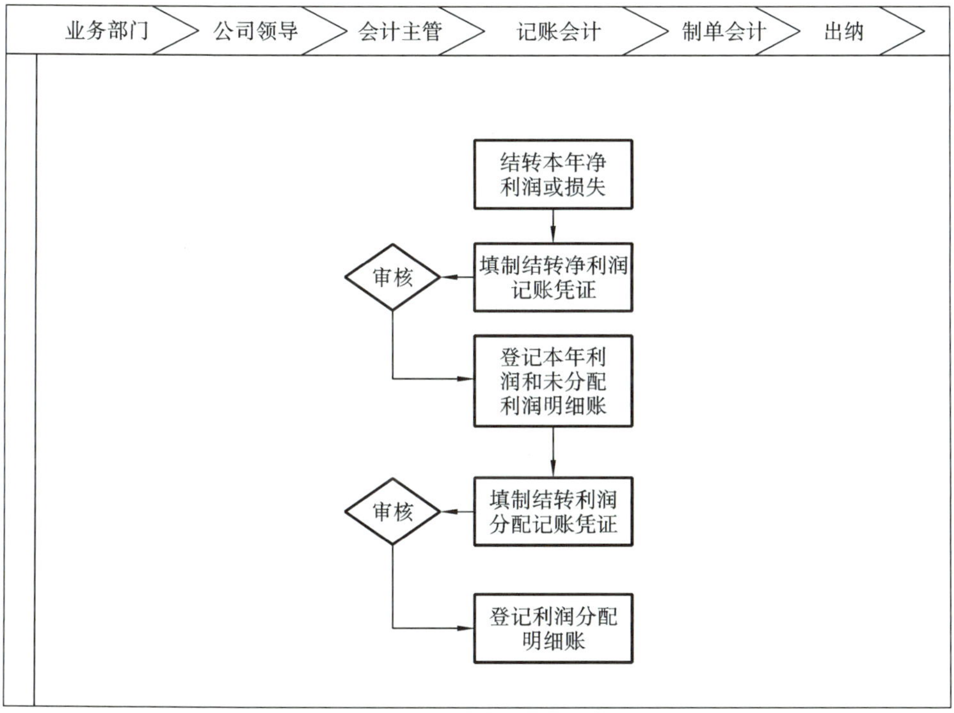

图 4-2　期末结转利润分配明细账业务流程

注意事项：结转类凭证可以不附原始凭证。

教师点拨

（1）期末对账、结账工作开始了，财务最忙的时候到了，大家要发挥团队合作精神，相互谦让与包容，沟通配合，要有大局观念、责任担当意识。

（2）同时还要秉承吃苦耐劳的精神，更加耐心细致的工作作风，做细成本的计算与结转，以及账簿的对账与结账，一起做好期末汇总工作。

任务评价

任务评价表

学习单元：　　　　姓名：　　　　班级：　　　　小组：

<table>
<tr><th colspan="2" rowspan="2">考核项目</th><th rowspan="2">权重</th><th rowspan="2">考核内容及评分标准</th><th colspan="3">考核得分</th></tr>
<tr><th>小组评价（40%）</th><th>教师评价（60%）</th><th>综合得分</th></tr>
<tr><td rowspan="5">专业技能（60%）</td><td>准确计算成本</td><td>10</td><td>计算正确，每处错误扣____分准确进行成本核算，没有采用软件核算扣____分</td><td></td><td></td><td></td></tr>
<tr><td>正确结转损益</td><td>15</td><td>手工记账凭证填制和计算机录入数据完整、正确，每处错误扣____分，每少一张凭证扣____分</td><td></td><td></td><td></td></tr>
<tr><td>计提所得税</td><td>10</td><td>所得税的计算正确，每处错误扣____分</td><td></td><td></td><td></td></tr>
<tr><td>结转利润</td><td>15</td><td>业务处理正确，业务单据编制正确，每处错误扣____分</td><td></td><td></td><td></td></tr>
<tr><td>计算机操作方式下会计核算</td><td>10</td><td>录入或生成的记账凭证正确，凭证审核，记账正确，每处错误扣____分</td><td></td><td></td><td></td></tr>
<tr><td rowspan="4">职业素养（40%）</td><td>组织纪律</td><td>20</td><td>有组织纪律观念，服从组长安排，不迟到不早退，不做与项目无关的事情</td><td></td><td></td><td></td></tr>
<tr><td>沟通协作</td><td>10</td><td>有团队意识，有大局观念，能够进行有效沟通</td><td></td><td></td><td></td></tr>
<tr><td>工作态度</td><td>5</td><td>工作主动认真，恪守诚信，追求精益求精的工匠精神</td><td></td><td></td><td></td></tr>
<tr><td>工作效率</td><td>5</td><td>能有效利用各种工具，按时完成任务，工作质量高</td><td></td><td></td><td></td></tr>
<tr><td colspan="4">合计</td><td></td><td></td><td></td></tr>
</table>

实训五　会计报表的编制

任务目标

- **知识目标：**

（1）了解编制会计报表的方法。

（2）熟悉企业会计报表的编制流程。

（3）掌握资产负债表、利润表、现金流量表的编制方法。

- **能力目标：**

（1）能根据业务描述做出正确的职业判断，并进行相应处理。

（2）能掌握会计报表编制流程和编制方法。

- **素质目标：**

（1）培养学生的交流沟通以及社会认知能力。

（2）培养学生诚信守法、客观公正的职业理念。

知识储备

任务情境

××年12月31日，赵轩强调了会计报表的编制工作，此部分的工作均由王云完成。赵轩指出：编筐编篓，重在收口，会计报表是我们最后提供的总结性文件，要由各相关利益人使用并以此做出决策，会计报表的编制必须准确、完整、规范、及时。

【业务 5-1】 编制资产负债表

注意：实训五的原始单据详见附录 D。

【业务 5-2】 编制利润表

【业务 5-3】 编制现金流量表

【业务 5-4】 编制所有者权益变动表

【业务 5-5】 进行财务指标的综合分析

任务要求

任务单

<table>
<tr><td>班级</td><td colspan="3"></td><td>小组</td><td colspan="2"></td></tr>
<tr><td>成员</td><td colspan="6"></td></tr>
<tr><td>学习单元</td><td colspan="6">实训五　会计报表的编制</td></tr>
<tr><td>任务编号</td><td>5.1</td><td>任务名称</td><td colspan="2">会计报表的编制</td><td>完成时间</td><td>10 学时</td></tr>
<tr><td>准备工作</td><td colspan="6">1. 做好手工编制处理的常规准备工作；
2. 做好计算机编制处理的常规准备工作。</td></tr>
<tr><td>任务描述</td><td colspan="6">1. 计算相关指标手工账簿；
2. 编制会计报表。</td></tr>
<tr><td>任务要求</td><td colspan="6">1. 编制资产负债表；
2. 编制利润表；
3. 编制现金流量表。</td></tr>
<tr><td>成果提交</td><td colspan="6">1. 展示纸质会计报表；
2. 展示打印电算化会计报表。</td></tr>
</table>

任务实施

任务一 编制资产负债表(业务5-1，总账会计负责)

一、操作流程

资产负债表是企业财务报表的重要组成内容，是反映企业一定时期财务状况的静态报表。流程如下：

(1) 填写单位名称及日期。

在报表中，单位名称处填写企业在工商行政部门注册时登记的全称，日期填写业务发生月份的最后一天。

(2) 填写报表数据项。

分别利用手工方法填列、利用Excel计算、利用用友U8V10.1报表模块生成资产负债表，这三种方法编制的手段不同，但数据计算与填列的要求是一致的。

资产负债表编制包括“年初余额”填列和“期末余额”填列。“年初余额”栏内的各项数字，根据上年年末资产负债表的“期末余额”栏内所列数字填列，“期末余额”栏内的各项数字，根据总账及明细账填列。

(3) 责任人签字，加盖公司公章。

在报表中，单位负责人处填写企业法定代表人，会计负责人处填写企业分管会计工作的领导人，加盖公司公章。

二、注意事项

(1) 根据总账账户余额直接填列。如“应收票据”项目，根据“应收票据”总账账户的期末余额直接填列；“短期借款”项目，根据“短期借款”总账账户的期末余额直接填列。

(2) 根据总账账户余额计算填列，如“货币资金”项目，根据“库存金”“银行存款”“其他货币资金”账户的期末余额合计数计算填列。

(3) 根据明细账户余额计算填列。如“应付账款”项目，根据“应付账款”和“预付账款”账户所属相关明细账户的期末贷方余额计算填列。

(4) 根据总账账户和明细账户余额分析计算填列。如“长期借款”项目。根据“长期借款”总账账户期末余额，扣除“长期借款”科目所属的明细科目中，将在资产负债表日起一年内到期且企业不能自主地将清偿义务展期的长期借款后的金额计算填列。

(5) 根据账户余额减去其备抵项目后的净额填列。如“固定资产”项目，根据“累计折旧”“固定资产减值准备”等备抵账户余额后的净额填列。

任务二　利润表的编制(业务5-2，总账会计负责)

一、操作流程

企业利润表的主要编制步骤和内容如下。

第一步，以营业收入为基础，减去营业成本、税金及附加、销售费用、管理费用、研发费用、财务费用，加上其他收益、投资收益(减去投资损失)、净敞口套期收益(减去净敞口套期损失)、公允价值变动收益(减去公允价值变动损失)，减去信用减值损失、资产减值损失，加上资产处置收益(减去资产处置损失)，计算出营业利润。

第二步，以营业利润为基础，加上营业外收入，减去营业外支出，计算出利润总额。

第三步，以利润总额为基础，减去所得税费用，计算出净利润(或净亏损)。

第四步，以净利润(或净亏损)为基础，计算每股收益。

第五步，以净利润(或净亏损)和其他综合收益(税后净额)为基础，计算综合收益总额。

二、注意事项

利润的相关计算公式如下。

(1) 营业利润＝营业收入－营业成本－税金及附加－销售费用－管理费用－财务费用－研发费用＋其他收益＋投资收益(－投资损失)＋净敞口套期收益(－净敞口套期损失)＋公允价值变动收益(－公允价值变动损失)－信用减值损失－资产减值损失＋资产处置收益(－资产处置损失)。

(2) 利润总额＝营业利润＋营业外收入－营业外支出。

(3) 净利润＝利润总额－所得税费用。

任务三　现金流量表的编制(业务 5-3，总账会计负责)

一、操作流程

现金流量表是指反映企业在一定会计期间现金和现金等价物流入和流出的报表。现金流量表分为主表和附表(补充资料)两大部分。主表的各项目金额实际上就是每笔现金流入、流出的归属，而附表的各项目金额则是相应会计账户的当期发生额或期末与期初余额的差额。

(1) 填写单位名称及日期。

在报表中，单位名称处填写企业在工商行政部门注册时登记的全称，日期填写业务发生月份的最后一天。

(2) 填写报表数据项。

分别利用手工方法填列、利用 Excel 计算、利用用友 U8V10.1 报表模块生成现金流量表，这三种方法编制的手段不同，但数据计算与填列的要求是一致的。

(3) 责任人签字，加盖公司公章。

在报表中，单位负责人处填写企业法定代表人，会计负责人处填写企业分管会计工作的领导人，加盖公司公章。

二、注意事项

(1) “销售商品、提供劳务收到的现金”项目在企业本期销售收入全部属于现销和没有预收账款，且年初无应收账款和应收票据的情况下，本年的销售收入净额就是销售商品或提供劳务所取得的全部现金收入。但是，在企业有赊销业务和预收账款的情况下，两者则可能出现差异。这两者的差异会通过“应收账款”“应收票据”和“预收账款”账户余额的变动反映出来。

(2) 以上内容中不含一般纳税人收到可以抵扣的进项税额，但小规模纳税人购货和一般纳税人收到不可以抵扣的进项税额应包括在内。本期购货退回收到的现金不包括从一般纳税人购货退回收到的增值税，它应在“支付的增值税款”项目中反映。购买工程物资所支付的现金不应在本项目内反映，而在投资活动产生的现金流量中反映。支付构成存货价值的运杂费等附带成本，也应包括在本项目内。

(3) 付给职工的工资及为职工支付的现金包括本期实际支付给职工的工资、奖金、各种津贴和补贴，为职工支付的养老保险、失业保险、补充养老保险、住房公积金、住房困难补助、离退休人员的费用等和报销职工医药费的现金支出。这里，在建工程人员工资不在本项目内反映，而在投资活动产生的现金流量中反映。会计准则将离退休人员工资支出放在“支付与经营活动有关的其他现金”项目内反映。

教师点拨

(1) 本实训是公司日常数据信息化的过程，信息时代，数据为王，我们要在高速发展的信息时代，会收集、整理、分析、辨别数据，用数据汇聚信息，真正为企业的发展保驾护航。

(2) 企业的财务信息是企业的商业秘密，《中华人民共和国会计法》要求财务人员，对知悉的商业秘密，负有保密义务。

(3) 企业要按照《中华人民共和国税收征收管理法》的规定，依法纳税，承担社会责任。

任务评价

任务评价表

学习单元：　　　　　　姓名：　　　　　　班级：　　　　　　小组：

考核项目		权重	考核内容及评分标准	考核得分		
				小组评价（40%）	教师评价（60%）	综合得分
专业技能（60%）	会计报表填写单位名称	10	填写不齐全、不正确，每处错误扣____分			
	会计报表日期	15	日期不正确，每处错误扣____分			
	会计报表数据准确	10	会计报表数据不完整、不正确，每处错误扣____分			
	会计报表签章	15	缺少签章，每处错误扣____分			
	计算机操作方式下填表	10	录入或生成的会计报表不正确、不准确，每处错误扣____分			
职业素养（40%）	组织纪律	20	服从组长安排，不旷工，不迟到不早退，不中途离开现场，不做与项目无关的事情			
	沟通协作	10	分工合理，按规定流程进行操作，进行有效沟通			
	工作态度	5	工作积极主动，认真负责，恪守诚信，追求严谨			
	工作效率	5	保持良好的工作环境，有效利用各种工具，按时完成任务，质量高			
合计						

附录 A　实训二的原始单据

业务 2-1-1

收据

今收到　夏羽飞　投资款　金额(大写)人民币伍万元整(¥50000.00)

××年 11 月 3 日

收款单位(财务专用章)

核准　　会计　　记账　　出纳　　经手人

业务 2-2-1

收据

今收到　夏羽飞　投资款　金额(大写)人民币陆佰万元整(¥6000000.00)

××年 11 月 3 日

收款单位(财务专用章)

核准　　会计　　记账　　出纳　　经手人

业务 2-2-2

收据

今收到 A 设备股份有限公司投资款　金额(大写)人民币肆佰万元整(¥4000000.00)

××年 11 月 3 日

收款单位(财务专用章)

核准　　会计　　记账　　出纳　　经手人

业务 2-2-3

现金送(缴)款单

××年 11 月 3 日

<table>
<tr><td rowspan="4">客户填写</td><td>单位名称</td><td>H 家具制造有限公司</td><td rowspan="4">收款人</td><td colspan="7">开户行</td><td colspan="3">中信银行</td></tr>
<tr><td>单位账号</td><td>800206208000001</td><td colspan="7">款项来源</td><td colspan="3">夏羽飞投资款</td></tr>
<tr><td rowspan="2">币种及金额（大写）</td><td rowspan="2">人民币陆佰万元整</td><td>千</td><td>百</td><td>十</td><td>万</td><td>千</td><td>百</td><td>十</td><td>元</td><td>角</td><td>分</td></tr>
<tr><td>¥</td><td>6</td><td>0</td><td>0</td><td>0</td><td>0</td><td>0</td><td>0</td><td>0</td><td>0</td></tr>
<tr><td>银行专用栏</td><td colspan="13">交易码:0810 现金存入　　交易日期:××.11.3　　柜员交易号:72115-1-0157-0600
单位名称:H 家具制造有限公司
单位账号:800206208000001　　起息日期:××.11.3
币种及金额(大写)人民币陆佰万元整　　(小写)RMB6000000.00
摘要:
银行签章:</td></tr>
</table>

会计主管:　　复核(授权)人:　　柜员:

业务 2-2-4

现金送(缴)款单

××年 11 月 3 日

<table>
<tr><td rowspan="4">客户填写</td><td>单位名称</td><td>H 家具制造有限公司</td><td rowspan="4">收款人</td><td colspan="7">开户行</td><td colspan="3">中信银行</td></tr>
<tr><td>单位账号</td><td>800206208000001</td><td colspan="7">款项来源</td><td colspan="3">A 设备股份有限公司投资款</td></tr>
<tr><td rowspan="2">币种及金额（大写）</td><td rowspan="2">人民币肆佰万元整</td><td>千</td><td>百</td><td>十</td><td>万</td><td>千</td><td>百</td><td>十</td><td>元</td><td>角</td><td>分</td></tr>
<tr><td>¥</td><td>4</td><td>0</td><td>0</td><td>0</td><td>0</td><td>0</td><td>0</td><td>0</td><td>0</td></tr>
<tr><td>银行专用栏</td><td colspan="13">交易码:0810 现金存入　　交易日期:××.11.3　　柜员交易号:72115-1-0157-0004
单位名称:H 家具制造有限公司
单位账号:800206208000001　　起息日期:××.11.3
币种及金额(大写)人民币肆佰万元整　　(小写)RMB4000000.00
摘要:
银行签章:</td></tr>
</table>

会计主管:　　复核(授权)人:　　柜员:

业务 2-2-5

收款凭证

××年 11 月 3 日

<table>
<tr><td colspan="3">付款单位名称：H 家具制造有限公司　账号：800206208000001</td></tr>
<tr><td colspan="2">摘要：开户</td><td rowspan="2">客户签章</td></tr>
<tr><td>银行专用栏</td><td>交易码：0017　收费交易：××-11-3
柜员交易号：72115101320002
户名：开户费　RMB：20.00
合计金额：RMB20.00</td></tr>
</table>

会计主管：　复核（授权）人：　柜员：

业务 2-2-6

收款凭证

××年 11 月 3 日

<table>
<tr><td colspan="3">付款单位名称：H 家具制造有限公司　账号：800206208000001</td></tr>
<tr><td colspan="2">摘要：开户及验资</td><td rowspan="2">客户签章</td></tr>
<tr><td>银行专用栏</td><td>交易码：0017　收费交易：××-11-3
柜员交易号：72115101560000
户名：公司资信证明收入　RMB80.00
单位账户管理收入　RMB100.00
合计金额：RMB180.00</td></tr>
</table>

会计主管：　复核（授权）人：　柜员：

业务 2-3-1

大连市政府行政审批统计专用收据

××年 11 月 5 日

缴款单位或姓名	H 家具制造有限公司		缴款方式	现金
收费项目	数量	收费标准	金额	
房屋租赁交易手续费	1	100.00	100.00	
土地收益金	1	564.00	564.00	
合计	2		￥664.00	
金额(大写)	佰拾万⊗仟陆佰陆拾肆元零角零分			

收款单位(盖章)： 收款人：

业务 2-3-2

大连市人民政府行政服务中心专用收据

××年 11 月 5 日

缴款单位或姓名	H 家具制造有限公司		缴款方式	现金
收费项目	数量	收费标准	金额	
企业注册登记费	1	10000	10000	
工本费	1	10	10	
合计	2	10010	￥10010	
金额(大写)	佰⊗拾壹万零仟零佰壹拾零元零角零分			

收款单位(盖章)： 收款人：

业务 2-3-3

大连市人民政府行政服务中心专用收费收据

辽财政监大字第 51 号

质量技术监督局 ××年 11 月 5 日 00077932

缴款单位或姓名	H 家具制造有限公司		缴款方式	现金
收费项目	数量	收费标准	金额	
统一代码标识证书收费 IC 卡	1	148	148	
合计	1	148	￥148	
金额(大写)	佰拾万⊗仟壹佰肆拾捌元零角零分			

收款单位(盖章)： 收款人：

业务 2-4

辽宁省大连市服务业统一发票

发票联　　发票代码：221020999222

付款单位：H 家具制造有限公司　　××年 11 月 6 日　　发票号码：10658666

项目	单位	数量	金额						
			万	千	百	十	元	角	分
刻印					5	9	0	0	0
				￥	5	9	0	0	0
合计金额（大写）：伍佰玖拾元整									

收款单位（盖章有效）：　　收款人：　　开票人：

业务 2-5

票据监制

大连市人民政府行政服务中心专用收费收据

辽宁省

财政部监制

辽财政监大字第 05×号

质量技术监督局　　××年 11 月 10 日　　00079962

缴款单位或姓名	H 家具制造有限公司		缴款方式	现金
收费项目	数量	收费标准	金额	
税务登记证工本费	1	40	40	
合计	1	40	￥40	
金额（大写）	佰拾万仟佰⊗肆拾零元零角零分			

第四联报销凭证

收款单位（盖章）：　　收款人：

业务 2-6-1

大连银行进账单(回单或收款通知)

××年 11 月 9 日

<table>
<tr><td rowspan="3">付款人</td><td>全称</td><td>H 家具制造有限公司</td><td rowspan="3">收款人</td><td>全称</td><td colspan="8">H 家具制造有限公司</td></tr>
<tr><td>账号</td><td>800206208000001</td><td>账号</td><td colspan="8">80000020800222</td></tr>
<tr><td>开户银行</td><td>中信银行</td><td>开户银行</td><td colspan="8">大连银行××支行</td></tr>
<tr><td rowspan="2">人民币
(大写)</td><td colspan="2" rowspan="2">壹仟万零壹仟元整</td><td>万</td><td>千</td><td>百</td><td>十</td><td>万</td><td>千</td><td>百</td><td>十</td><td>元</td></tr>
<tr><td>¥</td><td>1</td><td>0</td><td>0</td><td>0</td><td>1</td><td>0</td><td>0</td><td>0</td></tr>
<tr><td>票据种类</td><td colspan="2">转账</td><td colspan="9">收款人开户银行盖章</td></tr>
</table>

此联是收款人开户银行交给收款人的回单或收款通知

业务 2-6-2

利息计算清单

中信银行　　　　××年 11 月 9 日　　　　附件　　张

<table>
<tr><td colspan="2">户名</td><td colspan="10">H 家具制造有限公司</td><td>账号</td><td colspan="10">800206208000001</td></tr>
<tr><td colspan="2">开户银行</td><td colspan="21">中信银行</td></tr>
<tr><td>起息
日期</td><td>结息
日期</td><td>天数</td><td colspan="9">基数</td><td>利率</td><td colspan="10">利息</td></tr>
<tr><td></td><td></td><td></td><td>万</td><td>千</td><td>百</td><td>十</td><td>万</td><td>千</td><td>百</td><td>十</td><td>元</td><td></td><td>千</td><td>百</td><td>十</td><td>万</td><td>千</td><td>百</td><td>十</td><td>元</td><td>角</td><td>分</td></tr>
<tr><td></td><td></td><td></td><td>¥</td><td>1</td><td>0</td><td>0</td><td>0</td><td>0</td><td>0</td><td>0</td><td>0</td><td></td><td></td><td></td><td></td><td>¥</td><td>1</td><td>0</td><td>0</td><td>0</td><td>0</td><td>0</td></tr>
<tr><td colspan="12">上列存款利息已划转入您单位账户。

银行盖章</td><td></td><td colspan="10">科目
对方科目
复核员：　　记账员：</td></tr>
</table>

第二联客户记账凭证

业务 2-6-3

大连银行收费回单

交易流水:110197960011　　　　××年 11 月 9 日

付款人账号	80000020800222	付款人名单	H 家具制造有限公司
种类	币种	交易金额	收费金额
83 支票工本费	人民币		10.00
65 对公(清分机)支票手续费	人民币		50.00
83 支票工本费	人民币		5.00
64 对公现金支票手续费	人民币		15.00
合计金额	80.00		

第二联客户留存

柜员号:11019796　邹玲

业务 2-7-1

大连银行
转账支票存根
No578600001

大连银行转账支票　大连

出票日期(大写)××年壹拾壹月壹拾壹日 付款行名称:大连银行××支行

付款人:H 家具制造有限公司　　出票账号:××

科目：
对方科目：
出票日期 ××年 11 月 11 日
收款人：
金额： ¥5910000.00
用途： 购买办公场地

单位主管　　会计
复核　　记账

人民币(大写)	千	百	十	万	千	百	十	元	角	分
伍佰玖拾壹万元整	¥	5	9	1	0	0	0	0	0	0

用途:购买办公场地　　科目(借)
上列款项请从　　对方科目(贷)
我账户内支付　　转账日期　年　月　日
出票人签章　　复核　　记账

业务 2-7-2

收据

今收到 H 家具制造有限公司　购房款　金额(大写)人民币伍佰玖拾壹万元整(¥5910000.00),转账支票收讫,支票号 578600001。

××年 11 月 11 日
收款单位(财务专用章)

核准　　会计　　记账　　出纳　　经手人

业务 2-7-3

票据监制
辽宁省行政事业性收费统一收据
辽宁省
财政部监制

辽财监字第 001-2 号

日期：××年 11 月 11 日　　　　NO0701133359

缴款单位或姓名	H 家具制造有限公司		缴款方式	现金
收费项目	数量	收费标准	金额	
交易费	5910000.00	0.5%	29550.00	
合计			￥29550.00	
金额(大写)	贰万玖仟伍佰伍拾元整			

收款单位(签章)：　　　　收款人：

业务 2-7-4

大连银行
转账支票存根
No578600050

科目：	
对方科目：	
出票日期 ××年 11 月 11 日	
收款人：	
金额： ￥29550.00	
用途： 购房交易费	

单位主管　　会计
复核　　记账

大连银行转账支票　大连

出票日期(大写)××年壹拾壹月壹拾壹日 付款行名称：大连银行××支行

付款人：H 家具制造有限公司　　出票账号：××

人民币(大写)	千	百	十	万	千	百	十	元	角	分
贰万玖仟伍佰伍拾元整			￥	2	9	5	5	0	0	0

用途：购房交易费　　科目(借)

上列款项请从　　对方科目(贷)

我账户内支付　　转账日期　年　月　日

出票人签章　　复核　　记账

业务 2-7-5

中华人民共和国

税收通用完税证

0271998

（××）大地完电

注册类型：有限责任　　　　填发日期××年 11 月 11 日　　签收机关：大连地方税务局直属局

纳税人代码	××		地址	大连市甘井子区××路 18 号 3-301		
纳税人名称	H 家具制造有限公司		税款所属时期		××年 11 月 11 日	
税种	品目名称	课税数量	计税金额或销售收入	税率或单位税额	已缴或扣缴额	实缴金额
12 印花税	产权转移书据	1600	5910000.0	0.0005		2955.00
12 印花税	权利许可证书	1600	5910000.0	5.00		5.00
34 契税	二手房公建	1600	5910000.0	0.04		236400.00
金额合计	（大写）贰拾叁万玖仟叁佰陆拾元整					239360.00
税务机关（盖章）	委托代征单位（盖章）	填票人（章）			备注	No0271998 管理科室： 契税所 征收科室： 契税所 房屋买卖

业务 2-8-1

大连增值税专用发票

NO 00199375

发票联　　开票日期:××年 11 月 15 日

<table>
<tr><td>购货单位</td><td colspan="4">名称:H 家具制造有限公司
纳税人识别号:××
地址、电话:大连市甘井子区××路 18 号 3-301 ××
开户银行及账号:大连银行××支行 800000208002222</td><td>密码区</td><td colspan="3"></td></tr>
<tr><td colspan="2">货物或应税劳务名称</td><td>规格型号</td><td>单位</td><td>数量</td><td>单价</td><td>金额</td><td>税率</td><td>税额</td></tr>
<tr><td colspan="2">办公用品</td><td></td><td>批</td><td>1</td><td></td><td>27080.00</td><td>13%</td><td>3520.40</td></tr>
<tr><td colspan="2">合计</td><td></td><td></td><td></td><td></td><td>27080.00</td><td></td><td>3520.40</td></tr>
<tr><td colspan="2">价税合计（大写）</td><td colspan="7">⊗叁万零陆佰元肆角零分（小写）¥30600.40</td></tr>
<tr><td>销货单位</td><td colspan="4">名称:S 家具大世界
税务登记号:21020232245657S
地址、电话:沙河口区西南路 79 号 0411-84626379
开户银行及账号:农业银行 210202333356789033</td><td>备注</td><td colspan="3">后附销货清单</td></tr>
</table>

收款人:　　复核:　　开票人:杨晓　　销售单位:(章)

第一联　发票联　购货方记账凭证

业务 2-8-2

大连增值税专用发票

NO　00199375

抵扣联　　　　开票日期：××年 11 月 15 日

<table>
<tr><td>购货单位</td><td colspan="4">名称：H 家具制造有限公司
纳税人识别号：××
地址、电话：大连市甘井子区××路 18 号 3-301　××
开户银行及账号：大连银行××支行 800000208002222</td><td>密码区</td><td colspan="3"></td></tr>
<tr><td>货物或应税劳务名称</td><td>规格型号</td><td>单位</td><td>数量</td><td>单价</td><td>金额</td><td>税率</td><td>税额</td></tr>
<tr><td>办公用品</td><td></td><td>批</td><td>1</td><td></td><td>27080.00</td><td>13%</td><td>3520.40</td></tr>
<tr><td>合计</td><td></td><td></td><td></td><td></td><td>27080.00</td><td></td><td>3520.40</td></tr>
<tr><td>价税合计（大写）</td><td colspan="7">⊗叁万零陆佰元肆角零分（小写）¥30600.40</td></tr>
<tr><td>销货单位</td><td colspan="4">名称：S 家具大世界
税务登记号：21020232245657S
地址、电话：沙河口区西南路 79 号 0411-84626379
开户银行及账号：农业银行 210202333356789033</td><td>备注</td><td colspan="2">后附销货清单</td></tr>
</table>

收款人：　　　　复核：　　　　开票人：杨晓　　　　销售单位：（章）

第二联　抵扣联　购货方抵扣凭证

业务 2-8-3

增值税专用发票销货清单

发票代码	2	1	0	0	0	7	3	1	4	0
发票号码	0	0	1	9	9	3	7	5		

购货单位	名称	H 家具制造有限公司	纳税人登记号	×××××××××××××××
	地址电话	大连市甘井子区××路 18 号 3-301 ××	开户银行及账号	大连银行××支行 800000208002222

序号	商品或商务名称	计量单位	数量	单价	金额									税率（%）	税额								
					百	十	万	千	百	十	元	角	分		百	十	万	千	百	十	元	角	分
1	办公桌	张	1	2000				2	0	0	0	0	0	13%					2	6	0	0	0
2	办公桌	张	4	500				2	0	0	0	0	0	13%					2	6	0	0	0
3	办公桌	张	12	200				2	4	0	0	0	0	13%					3	1	2	0	0
4	椅子	把	1	1000				1	0	0	0	0	0	13%					1	3	0	0	0
5	椅子	把	4	200					8	0	0	0	0	13%					1	0	4	0	0
6	椅子	把	16	80				1	2	8	0	0	0	13%					1	6	6	4	0
7	沙发	副	1	3000				3	0	0	0	0	0	13%					3	9	0	0	0
8	沙发	副	1	1000				1	0	0	0	0	0	13%					1	3	0	0	0
9	资料柜	个	2	2000				4	0	0	0	0	0	13%					5	2	0	0	0
10	资料柜	个	8	800				6	4	0	0	0	0	13%					8	3	2	0	0
11	保险柜	个	3	900				2	7	0	0	0	0	13%					3	5	1	0	0
12	金柜	个	1	500					5	0	0	0	0	13%						6	5	0	0
	合计						2	7	0	8	0	0	0					3	5	2	0	4	0
价税合计（大写） 叁万零陆佰元肆角零分 ￥30600.40																							

销货单位：S 家具大世界　　　　制单人：杨晓　　　　开票日期：××年 11 月 15 日

注：本附单一式三份，销货单位一份，购货单位两份

业务 2-8-4

<table>
<tr><td colspan="2">大连银行
转账支票存根
No578600002</td><td colspan="11">大连银行转账支票　大连
出票日期(大写)××年壹拾壹月壹拾伍日 付款行名称:大连银行××支行
付款人:II 家具制造有限公司　　　出票账号:××</td></tr>
<tr><td colspan="2">科目:</td><td>人民币(大写)</td><td>千</td><td>百</td><td>十</td><td>万</td><td>千</td><td>百</td><td>十</td><td>元</td><td>角</td><td>分</td></tr>
<tr><td colspan="2">对方科目:</td><td>叁万零陆佰元肆角零分</td><td></td><td></td><td>¥</td><td>3</td><td>0</td><td>6</td><td>0</td><td>0</td><td>4</td><td>0</td></tr>
<tr><td colspan="2">出票日期
××年 11 月 15 日
收款人:
金额:
¥30600.40
用途:
购买办公用品</td><td colspan="11">用途:购买办公用品　　　科目(借)
上列款项请从　　　对方科目(贷)
我账户内支付　　　转账日期　年　月　日
出票人签章　　　复核　　记账</td></tr>
<tr><td>单位主管
复核</td><td>会计
记账</td><td colspan="11"></td></tr>
</table>

业务 2-8-5

固定资产验收单

申购单位:办公室　　　××年 11 月 15 日　　　验收单号:09101

品名	数量	单价/元	金额/元	备注
办公桌	1 张	2000	2000	办公室
沙发	1 副	3000	3000	办公室
资料柜	2 个	2000	4000	办公室
合计		9000 元		

验收人签章:罗雪青

业务 2-8-6

低值易耗品验收单

申购单位:办公室　　　　　××年 11 月 15 日　　　　　验收单号:09201

品名	数量	单价/元	金额/元	备注
办公桌	4 张	500	2000	
办公桌	12 张	200	2400	
椅子	1 把	1000	1000	
椅子	4 把	200	800	
椅子	16 把	80	1280	
沙发	1 副	1000	1000	
资料柜	8 个	800	6400	
保险柜	3 个	900	2700	
金柜	1 个	500	500	
合计		18080 元		

验收人签章:罗雪青

业务 2-8-7

低值易耗品领用单

申购单位:办公室　　　　　××年 11 月 15 日　　　　　领用单号:09201

名称	办公桌			规格型号	
销售商	S 家具大世界			购置日期	××.11.15
单价	500	数量	1	计量单位	张
发票号				到货日期	××.11.15
采购人	由天明	领用人	罗雪青	验收日期	××.11.15
随机资料					
领用部门	办公室				

业务 2-8-8

低值易耗品领用单

申购单位:办公室　　　　　××年 11 月 15 日　　　　　领用单号:09202

名称	办公桌			规格型号	
销售商	S 家具大世界			购置日期	××.11.15
单价	200	数量	1	计量单位	张
发票号				到货日期	××.11.15
采购人	由天明	领用人	罗雪青	验收日期	××.11.15
随机资料					
领用部门	办公室				

业务 2-8-9

低值易耗品领用单

申购单位:办公室　　　　××年 11 月 15 日　　　　领用单号:09203

名称	椅子			规格型号	
销售商	S 家具大世界			购置日期	××.11.15
单价	1000	数量	1	计量单位	把
发票号				到货日期	××.11.15
采购人	由天明	领用人	罗雪青	验收日期	××.11.15
随机资料					
领用部门	办公室				

业务 2-8-10

低值易耗品领用单

申购单位:办公室　　　　××年 11 月 15 日　　　　领用单号:09204

名称	椅子			规格型号	
销售商	S 家具大世界			购置日期	××.11.15
单价	200	数量	1	计量单位	把
发票号				到货日期	××.11.15
采购人	由天明	领用人	罗雪青	验收日期	××.11.15
随机资料					
领用部门	办公室				

业务 2-8-11

低值易耗品领用单

申购单位:办公室　　　　××年 11 月 15 日　　　　领用单位:09205

名称	椅子			规格型号	
销售商	S 家具大世界			购置日期	××.11.15
单价	80	数量	1	计量单位	把
发票号				到货日期	××.11.15
采购人	由天明	领用人	罗雪青	验收日期	××.11.15
随机资料					
领用部门	办公室				

业务 2-8-12

低值易耗品领用单

申购单位:办公室　　××年 11 月 15 日　　领用单号:09206

名称	资料柜			规格型号	
销售商	S 家具大世界			购置日期	××.11.15
单价	800	数量	2	计量单位	个
发票号				到货日期	××.11.15
采购人	由天明	领用人	罗雪青	验收日期	××.11.15
随机资料					
领用部门	办公室				

业务 2-8-13

低值易耗品领用单

申购单位:办公室　　××年 11 月 15 日　　领用单号:09207

名称	保险柜			规格型号	
销售商	S 家具大世界			购置日期	××.11.15
单价	900	数量	1	计量单位	个
发票号				到货日期	××.11.15
采购人	由天明	领用人	罗雪青	验收日期	××.11.15
随机资料					
领用部门	办公室				

业务 2-8-14

低值易耗品领用单

申购单位:办公室　　××年 11 月 15 日　　领用单号:09208

名称	办公桌			规格型号	
销售商	S 家具大世界			购置日期	××.11.15
单价	500	数量	1	计量单位	张
发票号				到货日期	××.11.15
采购人	由天明	领用人	江若岩	验收日期	××.11.15
随机资料					
领用部门	采购部				

业务 2-8-15

低值易耗品领用单

申购单位:办公室　　　　××年 11 月 15 日　　　　领用单号:09209

名称	办公桌			规格型号	
销售商	S家具大世界			购置日期	××.11.15
单价	200	数量	3	计量单位	张
发票号				到货日期	××.11.15
采购人	由天明	领用人	江若岩	验收日期	××.11.15
随机资料					
领用部门	采购部				

业务 2-8-16

低值易耗品领用单

申购单位:办公室　　　　××年 11 月 15 日　　　　领用单号:09210

名称	椅子			规格型号	
销售商	S家具大世界			购置日期	××.11.15
单价	200	数量	1	计量单位	把
发票号				到货日期	××.11.15
采购人	由天明	领用人	江若岩	验收日期	××.11.15
随机资料					
领用部门	采购部				

业务 2-8-17

低值易耗品领用单

申购单位:办公室　　　　××年 11 月 15 日　　　　领用单号:09211

名称	椅子			规格型号	
销售商	S家具大世界			购置日期	××.11.15
单价	80	数量	5	计量单位	把
发票号				到货日期	××.11.15
采购人	由天明	领用人	江若岩	验收日期	××.11.15
随机资料					
领用部门	采购部				

业务 2-8-18

低值易耗品领用单

申购单位:办公室　　　　××年 11 月 15 日　　　　领用单号:09212

名称	沙发			规格型号	
销售商	S 家具大世界			购置日期	××.11.15
单价	1000	数量	1	计量单位	副
发票号				到货日期	××.11.15
采购人	由天明	领用人	江若岩	验收日期	××.11.15
随机资料					
领用部门	采购部				

业务 2-8-19

低值易耗品领用单

申购单位:办公室　　　　××年 11 月 15 日　　　　领用单号:09213

名称	资料柜			规格型号	
销售商	S 家具大世界			购置日期	××.11.15
单价	800	数量	2	计量单位	个
发票号				到货日期	××.11.15
采购人	由天明	领用人	胡美玲	验收日期	××.11.15
随机资料					
领用部门	人力资源部				

业务 2-8-20

低值易耗品领用单

申购单位:办公室　　　　××年 11 月 15 日　　　　领用单号:09214

名称	保险柜			规格型号	
销售商	S 家具大世界			购置日期	××.11.15
单价	900	数量	1	计量单位	个
发票号				到货日期	××.11.15
采购人	由天明	领用人	江若岩	验收日期	××.11.15
随机资料					
领用部门	采购部				

业务 2-8-21

低值易耗品领用单

申购单位:办公室　　××年 11 月 15 日　　领用单号:09215

名称	办公桌			规格型号	
销售商	S 家具大世界			购置日期	××.11.15
单价	500	数量	1	计量单位	张
发票号				到货日期	××.11.15
采购人	由天明	领用人	赵轩	验收日期	××.11.15
随机资料					
领用部门	财务部				

业务 2-8-22

低值易耗品领用单

申购单位:办公室　　××年 11 月 15 日　　领用单号:09216

名称	办公桌			规格型号	
销售商	S 家具大世界			购置日期	××.11.15
单价	200	数量	3	计量单位	张
发票号				到货日期	××.11.15
采购人	由天明	领用人	赵轩	验收日期	××.11.15
随机资料					
领用部门	财务部				

业务 2-8-23

低值易耗品领用单

申购单位:办公室　　××年 11 月 15 日　　领用单号:09217

名称	椅子			规格型号	
销售商	S 家具大世界			购置日期	××.11.15
单价	200	数量	1	计量单位	把
发票号				到货日期	××.11.15
采购人	由天明	领用人	赵轩	验收日期	××.11.15
随机资料					
领用部门	财务部				

业务 2-8-24

低值易耗品领用单

申购单位:办公室　　　　××年 11 月 15 日　　　　领用单号:09218

名称	椅子			规格型号	
销售商	S 家具大世界			购置日期	××.11.15
单价	80	数量	3	计量单位	把
发票号				到货日期	××.11.15
采购人	由天明	领用人	赵轩	验收日期	××.11.15
随机资料					
领用部门	财务部				

业务 2-8-25

低值易耗品领用单

申购单位:办公室　　　　××年 11 月 15 日　　　　领用单号:09219

名称	资料柜			规格型号	
销售商	S 家具大世界			购置日期	××.11.15
单价	800	数量	2	计量单位	个
发票号				到货日期	××.11.15
采购人	由天明	领用人	赵轩	验收日期	××.11.15
随机资料					
领用部门	财务部				

业务 2-8-26

低值易耗品领用单

申购单位:办公室　　　　××年 11 月 15 日　　　　领用单号:09220

名称	保险柜			规格型号	
销售商	S 家具大世界			购置日期	××.11.15
单价	900	数量	1	计量单位	个
发票号				到货日期	××.11.15
采购人	由天明	领用人	赵轩	验收日期	××.11.15
随机资料					
领用部门	财务部				

业务 2-8-27

低值易耗品领用单

申购单位:办公室　　××年 11 月 15 日　　领用单号:09221

名称	金柜			规格型号	
销售商	S 家具大世界			购置日期	××.11.15
单价	500	数量	1	计量单位	个
发票号				到货日期	××.11.15
采购人	由天明	领用人	赵轩	验收日期	××.11.15
随机资料					
领用部门	财务部				

业务 2-8-28

低值易耗品领用单

申购单位:办公室　　××年 11 月 15 日　　领用单号:09222

名称	办公桌			规格型号	
销售商	S 家具大世界			购置日期	××.11.15
单价	500	数量	1	计量单位	张
发票号				到货日期	××.11.15
采购人	由天明	领用人	胡美玲	验收日期	××.11.15
随机资料					
领用部门	人力资源部				

业务 2-8-29

低值易耗品领用单

申购单位:办公室　　××年 11 月 15 日　　领用单号:09223

名称	办公桌			规格型号	
销售商	S 家具大世界			购置日期	××.11.15
单价	200	数量	2	计量单位	张
发票号				到货日期	××.11.15
采购人	由天明	领用人	胡美玲	验收日期	××.11.15
随机资料					
领用部门	人力资源部				

业务 2-8-30

低值易耗品领用单

申购单位:办公室　　××年 11 月 15 日　　领用单号:09224

名称	椅子			规格型号	
销售商	S 家具大世界			购置日期	××.11.15
单价	200	数量	1	计量单位	把
发票号				到货日期	××.11.15
采购人	由天明	领用人	胡美玲	验收日期	××.11.15
随机资料					
领用部门	人力资源部				

业务 2-8-31

低值易耗品领用单

申购单位:办公室　　××年 11 月 15 日　　领用单号:09225

名称	椅子			规格型号	
销售商	S 家具大世界			购置日期	××.11.15
单价	80	数量	2	计量单位	把
发票号				到货日期	××.11.15
采购人	由天明	领用人	胡美玲	验收日期	××.11.15
随机资料					
领用部门	人力资源部				

业务 2-8-32

低值易耗品领用单

申购单位:办公室　　××年 11 月 15 日　　领用单号:09226

名称	资料柜			规格型号	
销售商	S 家具大世界			购置日期	××.11.15
单价	800	数量	1	计量单位	个
发票号				到货日期	××.11.15
采购人	由天明	领用人	江若岩	验收日期	××.11.15
随机资料					
领用部门	采购部				

业务 2-8-33

低值易耗品领用单

申购单位：办公室　　××年 11 月 15 日　　领用单号：09227

名称	办公桌			规格型号	
销售商	S家具大世界			购置日期	××.11.15
单价	200	数量	3	计量单位	张
发票号				到货日期	××.11.15
采购人	由天明	领用人	谭世俊	验收日期	××.11.15
随机资料					
领用部门	生产部				

业务 2-8-34

低值易耗品领用单

申购单位：办公室　　××年 11 月 15 日　　领用单号：09228

名称	椅子			规格型号	
销售商	S家具大世界			购置日期	××.11.15
单价	80	数量	5	计量单位	把
发票号				到货日期	××.11.15
采购人	由天明	领用人	谭世俊	验收日期	××.11.15
随机资料					
领用部门	生产部				

业务 2-8-35

低值易耗品领用单

申购单位：办公室　　××年 11 月 15 日　　领用单号：09229

名称	资料柜			规格型号	
销售商	S家具大世界			购置日期	××.11.15
单价	800	数量	1	计量单位	个
发票号				到货日期	××.11.15
采购人	由天明	领用人	谭世俊	验收日期	××.11.15
随机资料					
领用部门	生产部				

业务 2-8-36

大连增值税专用发票

2100098756　　　　　　　　　　　　　　　　　　　　　　　　NO 00225997

发票联　　　　　　　　开票日期：××年 11 月 16 日

购货单位	名称：H 家具制造有限公司 纳税人识别号：×× 地址、电话：大连市甘井子区××路 18 号 3-301　×× 开户银行及账号：大连银行××支行 800000208002222	密码区	＊/＋9＊7856-0＊＋942127＋＞ 37978＞＜-＋＞＜-495＜＞311 25＜07＊＊067--＜35＜＞＋＊/ ＋186-2/55＊52-＊0＞1 加密版本：01210209114000352542

货物或应税劳务名称	规格型号	单位	数量	单价	金额	税率	税额
办公设备		批	1		59000.00	13％	7670.00
合计					59000.00		7670.00
价税合计（大写）	⊗陆万陆仟陆佰柒拾元整　¥66670.00						

销货单位	名称：M 电子城 税务登记号：21020258855253S 地址、电话：西岗区槐花路 90 号 0411-83636556 开户银行及账号：建设银行 210202121253321030	备注	后附销货清单

收款人：　　　　　复核：　　　　　开票人：李乐　　　　　销售单位：(章)

第一联　发票联　购货方记账凭证

业务 2-8-37

大连增值税专用发票

2100098756　　　　　　　　　　　　　　　　NO 00225997

抵扣联　　　　开票日期：××年 11 月 16 日

购货单位	名称：H 家具制造有限公司 纳税人识别号：×× 地址、电话：大连市甘井子区××路 18 号 3-301　×× 开户银行及账号：大连银行××支行 800000208002222	密码区	＊/＋9＊7856-0＊＋942127＋＞ 37978＞＜-＋＞＜-495＜＞311 25＜07＊＊067--＜35＜＞＋＊/ ＋186-2/55＊52-＊0＞1 加密版本：01210209114000352542

货物或应税劳务名称	规格型号	单位	数量	单价	金额	税率	税额
办公设备		批	1		59000.00	13%	7670.00
合计					59000.00		7670.00
价税合计（大写）	⊗陆万陆仟陆佰柒拾元整　￥66670.00						

销货单位	名称：M 电子城 税务登记号：21020258855253S 地址、电话：西岗区槐花路 90 号 0411-83636556 开户银行及账号：建设银行 210202121253321030	备注	后附销货清单

收款人：　　　　复核：　　　　开票人：李乐　　　　销售单位：（章）

第二联　抵扣联　购货方抵扣凭证

业务 2-8-38

增值税专用发票销货清单

发票代码	2	1	0	0	0	9	8	7	5	6
发票号码	0	0	2	2	5	9	9	7		

购货单位				
名称	H 家具制造有限公司	纳税人登记号	×××××××××××××××	
地址电话	大连市甘井子区××路 18 号 3-301 ××	开户银行及账号	大连银行××支行 800000208002222	

序号	商品或商务名称	计量单位	数量	单价	金额									税率(%)	税额								
					百	十	万	千	百	十	元	角	分		百	十	万	千	百	十	元	角	分
1	电脑	台	12	4000			4	8	0	0	0	0	0	13%				6	2	4	0	0	0
2	打印机	台	4	1000				4	0	0	0	0	0	13%					5	2	0	0	0
3	针式打印机	台	1	2000				2	0	0	0	0	0	13%					2	6	0	0	0
4	扫描复印一体机	台	1	5000				5	0	0	0	0	0	13%					6	5	0	0	0
	合计						5	9	0	0	0	0	0					7	6	7	0	0	0
价税合计(大写)					陆万陆仟陆佰柒拾元整										¥66670.00								

销货单位:M 电子城　　　　制单人:李乐　　　　开票日期:××年 11 月 16 日

注:本附单一式三份,销货单位一份,购货单位两份

业务 2-8-39

大连银行 转账支票存根 No578600003
科目：
对方科目：
出票日期 ××年 11 月 16 日
收款人：
金额： ¥66670.00
用途： 购买办公设备

单位主管　　会计
复核　　记账

大连银行转账支票　大连

出票日期(大写)××年壹拾壹月壹拾陆日 付款行名称：大连银行××支行
付款人：H 家具制造有限公司　　出票账号：××

人民币(大写)	千	百	十	万	千	百	十	元	角	分
陆万陆仟陆佰柒拾元整			¥	6	6	6	7	0	0	0

用途：购买办公设备　　科目(借)
上列款项请从　　对方科目(贷)
我账户内支付　　转账日期　年　月　日
出票人签章　　复核　　记账

业务 2-8-40

固定资产验收单

申购单位：办公室　　××年 11 月 16 日　　验收单号：09102

品名	数量	单价/元	金额/元	备注
电脑	2 台	4000	8000	办公室
电脑	4 台	4000	16000	财务部
电脑	2 台	4000	8000	人力资源部
电脑	2 台	4000	8000	生产部
电脑	1 台	4000	4000	采购部
电脑	1 台	4000	4000	仓储部
扫描复印一体机	1 台	5000	5000	办公室
针式打印机	1 台	2000	2000	财务部
合计		55000 元		

验收人签章：罗雪青

业务 2-8-41

低值易耗品验收单

申购单位:办公室　　××年 11 月 16 日　　验收单号:09202

品名	数量	单价/元	金额/元	备注
打印机	4 台	1000	4000	
合计		4000 元		

验收人签章:罗雪青

业务 2-8-42

低值易耗品领用单

申购单位:办公室　　××年 11 月 16 日　　领用单号:09230

名称	打印机			规格型号	
销售商	M 电子城			购置日期	××.11.16
单价	1000	数量	1	计量单位	台
发票号				到货日期	××.11.16
采购人	马天啸	领用人	罗雪青	验收日期	××.11.16
随机资料					
领用部门	办公室				

业务 2-8-43

低值易耗品领用单

申购单位:办公室　　××年 11 月 16 日　　领用单号:09231

名称	打印机			规格型号	
销售商	M 电子城			购置日期	××.11.16
单价	1000	数量	1	计量单位	台
发票号				到货日期	××.11.16
采购人	马天啸	领用人	赵轩	验收日期	××.11.16
随机资料					
领用部门	财务部				

业务 2-8-44

低值易耗品领用单

申购单位:办公室　　　　××年 11 月 16 日　　　　领用单号:09232

名称	打印机			规格型号	
销售商	M 电子城			购置日期	××.11.16
单价	1000	数量	1	计量单位	台
发票号				到货日期	××.11.16
采购人	马天啸	领用人	胡美玲	验收日期	××.11.16
随机资料					
领用部门	人力资源部				

业务 2-8-45

低值易耗品领用单

申购单位:办公室　　　　××年 11 月 16 日　　　　领用单号:09233

名称	打印机			规格型号	
销售商	M 电子城			购置日期	××.11.16
单价	1000	数量	1	计量单位	台
发票号				到货日期	××.11.16
采购人	马天啸	领用人	江若岩	验收日期	××.11.16
随机资料					
领用部门	采购部				

业务 2-8-46

大连增值税专用发票

2100073341　　No. 00202033

发票联　　开票日期：××年 11 月 17 日

<table>
<tr><td>购货单位</td><td colspan="4">名称：H 家具制造有限公司
纳税人识别号：××
地址、电话：大连市甘井子区××路 18 号 3-301　××
开户银行及账号：大连银行××支行 800000208002222</td><td>密码区</td><td colspan="3"></td></tr>
<tr><td colspan="2">货物或应税劳务名称</td><td>规格型号</td><td>单位</td><td>数量</td><td>单价</td><td>金额</td><td>税率</td><td>税额</td></tr>
<tr><td colspan="2">办公耗材</td><td></td><td>批</td><td></td><td></td><td>760.00</td><td>13%</td><td>98.80</td></tr>
<tr><td colspan="2">合计</td><td></td><td></td><td></td><td></td><td></td><td></td><td></td></tr>
<tr><td colspan="2">价税合计（大写）</td><td colspan="7">⊗捌佰伍拾捌元捌角整　¥858.80</td></tr>
<tr><td>销货单位</td><td colspan="4">名称：N 制作有限公司
税务登记号：××
地址、电话：××
开户银行及账号：××</td><td>备注</td><td colspan="3"></td></tr>
</table>

收款人：　　复核：　　开票人：梁晓晓　　销售单位：（章）

第一联　发票联　购货方记账凭证

业务 2-8-47

大连增值税专用发票

2100073341　　　　No. 00202033

抵扣联　　　　开票日期：××年 11 月 17 日

<table>
<tr><td>购货单位</td><td colspan="4">名称：H 家具制造有限公司
纳税人识别号：××
地址、电话：大连市甘井子区××路 18 号 3-301　××
开户银行及账号：大连银行××支行 800000208002222</td><td>密码区</td><td colspan="3"></td></tr>
<tr><td colspan="2">货物或应税劳务名称</td><td>规格型号</td><td>单位</td><td>数量</td><td>单价</td><td>金额</td><td>税率</td><td>税额</td></tr>
<tr><td colspan="2">办公耗材</td><td></td><td>批</td><td></td><td></td><td>760.00</td><td>13%</td><td>98.80</td></tr>
<tr><td colspan="2">合计</td><td></td><td></td><td></td><td></td><td></td><td></td><td></td></tr>
<tr><td colspan="2">价税合计（大写）</td><td colspan="7">⊗捌佰伍拾捌元捌角整　￥858.80</td></tr>
<tr><td>销货单位</td><td colspan="4">名称：N 制作有限公司
税务登记号：××
地址、电话：××
开户银行及账号：××</td><td>备注</td><td colspan="3"></td></tr>
</table>

第二联　抵扣联　购货方抵扣凭证

收款人：　　　　复核：　　　　开票人：梁晓晓　　　　销售单位：（章）

业务 2-8-48

大连银行 转账支票存根 No578600004
科目：
对方科目：
出票日期： ××年 11 月 17 日
收款人：
金额： ¥858.80
用途： 购买办公耗材

单位主管　　会计
复核　　记账

大连银行转账支票　大连

出票日期(大写)××年壹拾壹月壹拾柒日 付款行名称：大连银行××支行
付款人：H 家具制造有限公司　　出票账号：××

人民币(大写)	千	百	十	万	千	百	十	元	角	分
捌佰伍拾捌元捌角整					¥	8	5	8	8	0

用途：购买办公耗材　　科目(借)
上列款项请从　　对方科目(贷)
我账户内支付　　转账日期　年　月　日
出票人签章　　复核　　记账

业务 2-10-1

大连增值税专用发票

21087773140　　　　No. 00888333

发票联　　　　开票日期:××年 11 月 22 日

购货单位	名称:H 家具制造有限公司 纳税人识别号:×× 地址、电话:大连市甘井子区××路 18 号 3-301　×× 开户银行及账号:大连银行××支行 800000208002222	密码区	

货物或应税劳务名称	规格型号	单位	数量	单价	金额	税率	税额
18 mm 装饰板		米	10000	20.00	200000.00	13%	26000.00
15 mm 装饰板		米	10000	18.00	180000.00	13%	23400.00
支架		个	20000	6.00	120000.00	13%	15600.00
固定底座		个	20000	5.00	100000.00	13%	13000.00
方钢		米	12000	8.00	96000.00	13%	12480.00
5 mm 装饰板		米	10000	6.00	60000.00	13%	7800.00
合计					756000.00		98280.00
价税合计（大写）	⊗捌拾伍万肆仟贰佰捌拾元整　¥854280.00						

销货单位	名称:D 建材公司 税务登记号:×× 地址、电话:×× 开户银行及账号:××	备注	

收款人:　　　　复核:　　　　开票人:刘小丫　　　　销售单位:(章)

第一联　发票联　购货方记账凭证

业务 2-10-2

大连增值税专用发票

21087773140　　　　No. 00888333

抵扣联　　　　开票日期:××年 11 月 22 日

<table>
<tr><td rowspan="1">购货单位</td><td colspan="4">名称:H 家具制造有限公司
纳税人识别号:××
地址、电话:大连市甘井子区××路 18 号 3-301　××
开户银行及账号:大连银行××支行 800000208002222</td><td>密码区</td><td colspan="3"></td></tr>
<tr><td>货物或应税劳务名称</td><td>规格型号</td><td>单位</td><td>数量</td><td>单价</td><td>金额</td><td>税率</td><td>税额</td><td></td></tr>
<tr><td>18 mm 装饰板</td><td></td><td>米</td><td>10000</td><td>20.00</td><td>200000.00</td><td>13%</td><td>26000.00</td><td></td></tr>
<tr><td>15 mm 装饰板</td><td></td><td>米</td><td>10000</td><td>18.00</td><td>180000.00</td><td>13%</td><td>23400.00</td><td></td></tr>
<tr><td>支架</td><td></td><td>个</td><td>20000</td><td>6.00</td><td>120000.00</td><td>13%</td><td>15600.00</td><td></td></tr>
<tr><td>固定底座</td><td></td><td>个</td><td>20000</td><td>5.00</td><td>100000.00</td><td>13%</td><td>13000.00</td><td></td></tr>
<tr><td>方钢</td><td></td><td>米</td><td>12000</td><td>8.00</td><td>96000.00</td><td>13%</td><td>12480.00</td><td></td></tr>
<tr><td>5 mm 装饰板</td><td></td><td>米</td><td>10000</td><td>6.00</td><td>60000.00</td><td>13%</td><td>7800.00</td><td></td></tr>
<tr><td>合计</td><td></td><td></td><td></td><td></td><td>756000.00</td><td></td><td>98280.00</td><td></td></tr>
<tr><td>价税合计（大写）</td><td colspan="8">⊗捌拾伍万肆仟贰佰捌拾元整　¥854280.00</td></tr>
<tr><td>销货单位</td><td colspan="4">名称:D 建材公司
税务登记号:××
地址、电话:××
开户银行及账号:××</td><td>备注</td><td colspan="3"></td></tr>
</table>

第二联　抵扣联　购货方抵扣凭证

收款人:　　　复核:　　　开票人:刘小丫　　　销售单位:(章)

业务 2-10-3

大连银行 转账支票存根 No578600005
科目：
对方科目：
出票日期 ××年 11 月 22 日
收款人：
金额： ￥854280.00
用途： 购买原材料

单位主管　　会计

复核　　记账

大连银行转账支票　大连

出票日期(大写)××年壹拾壹月贰拾贰日 付款行名称：大连银行××支行

付款人：H家具制造有限公司　　出票账号：××

人民币(大写)	千	百	十	万	千	百	十	元	角	分
捌拾伍万肆仟贰佰捌拾元整		￥	8	5	4	2	8	0	0	0

用途：购买原材料　　科目(借)

上列款项请从　　对方科目(贷)

我账户内支付　　转账日期　年　月　日

出票人签章　　复核　　记账

业务 2-10-4

材料入库单

供应单位：　　入库单编号：

材料类别：　　××年 11 月 22 日　　收料仓库：

编号	名称	规格	单位	数量		实际成本			
				应收	实收	买价		运杂费	其他
						单价	金额		
1	18 mm 装饰板		米	10000	10000	20.00	200000.00		
2	15 mm 装饰板		米	10000	10000	18.00	180000.00		
3	支架		个	20000	20000	6.00	120000.00		
4	固定底座		个	20000	20000	5.00	100000.00		
5	方钢		米	12000	12000	8.00	96000.00		
6	5 mm 装饰板		米	10000	10000	6.00	60000.00		
	合计						756000.00		

业务 2-10-5

大连增值税专用发票

2100079540　　　　No. 00888334

发票联　　　　开票日期：××年 11 月 22 日

<table>
<tr><td rowspan="1">购货单位</td><td colspan="3">名称：H 家具制造有限公司
纳税人识别号：××
地址、电话：大连市甘井子区××路 18 号 3-301　××
开户银行及账号：大连银行××支行 800000208002222</td><td>密码区</td><td colspan="3"></td></tr>
<tr><td>货物或应税劳务名称</td><td>规格型号</td><td>单位</td><td>数量</td><td>单价</td><td>金额</td><td>税率</td><td>税额</td></tr>
<tr><td>螺栓和螺母</td><td></td><td>个</td><td>100000</td><td>0.05</td><td>5000.00</td><td>13%</td><td>650.00</td></tr>
<tr><td>螺钉</td><td></td><td>个</td><td>400</td><td>5.00</td><td>2000.00</td><td>13%</td><td>260.00</td></tr>
<tr><td>油漆</td><td></td><td>千克</td><td>200</td><td>10.00</td><td>2000.00</td><td>13%</td><td>260.00</td></tr>
<tr><td>封边条</td><td></td><td>米</td><td>20000</td><td>0.02</td><td>400.00</td><td>13%</td><td>52.00</td></tr>
<tr><td>黏合剂</td><td></td><td>盒</td><td>70</td><td>10.00</td><td>700.00</td><td>13%</td><td>91.00</td></tr>
<tr><td>2 人桌包装纸箱</td><td></td><td>个</td><td>3500</td><td>5.00</td><td>17500.00</td><td>13%</td><td>2275.00</td></tr>
<tr><td>3 人桌包装纸箱</td><td></td><td>个</td><td>3500</td><td>8.00</td><td>28000.00</td><td>13%</td><td>3640.00</td></tr>
<tr><td>合计</td><td></td><td></td><td></td><td></td><td>55600.00</td><td></td><td>7228.00</td></tr>
<tr><td>价税合计（大写）</td><td colspan="7">⊗陆万贰仟捌佰贰拾捌元整　¥62828.00</td></tr>
<tr><td>销货单位</td><td colspan="3">名称：C 装饰材料公司
税务登记号：××
地址、电话：××
开户银行及账号：××</td><td>备注</td><td colspan="3"></td></tr>
</table>

收款人：　　复核：　　开票人：　　销售单位：（章）

第一联　发票联　购货方记账凭证

业务 2-10-6

大连增值税专用发票

2100079540 No. 00888334

抵扣联 开票日期:××年 11 月 22 日

购货单位	名称:H 家具制造有限公司 纳税人识别号:×× 地址、电话:大连市甘井子区××路 18 号 3-301 ×× 开户银行及账号:大连银行××支行 800000208002222	密码区	

货物或应税劳务名称	规格型号	单位	数量	单价	金额	税率	税额
螺栓和螺母		个	100000	0.05	5000.00	13%	650.00
螺钉		个	400	5.00	2000.00	13%	260.00
油漆		千克	200	10.00	2000.00	13%	260.00
封边条		米	20000	0.02	400.00	13%	52.00
黏合剂		盒	70	10.00	700.00	13%	91.00
2 人桌包装纸箱		个	3500	5.00	17500.00	13%	2275.00
3 人桌包装纸箱		个	3500	8.00	28000.00	13%	3640.00
合计					55600.00		7228.00
价税合计（大写）	⊗陆万贰仟捌佰贰拾捌元整 ￥62828.00						

销货单位	名称:C 装饰材料公司 税务登记号:×× 地址、电话:×× 开户银行及账号:××	备注	

收款人: 复核: 开票人: 销售单位:(章)

第二联 抵扣联 购货方抵扣凭证

业务 2-10-7

大连银行
转账支票存根
No578600006

科目：
对方科目：
出票日期 ××年 11 月 22 日
收款人：
金额： ¥62828.00
用途： 购买原材料

单位主管　　会计
复核　　记账

大连银行转账支票　大连

出票日期(大写)××年壹拾壹月贰拾贰日 付款行名称：大连银行××支行
付款人：H 家具制造有限公司　　出票账号：××

人民币(大写)	千	百	十	万	千	百	十	元	角	分
陆万贰仟捌佰贰拾捌元整			¥	6	2	8	2	8	0	0

用途：购买原材料　　科目(借)
上列款项请从　　对方科目(贷)
我账户内支付　　转账日期　年　月　日
出票人签章　　复核　　记账

业务 2-10-8

材料入库单

供应单位：　　入库单编号：
材料类别：　　××年 11 月 22 日　　收料仓库：

编号	名称	规格	单位	数量		实际成本			
				应收	实收	买价		运杂费	其他
						单价	金额		
1	螺栓和螺母		个	100000	100000	0.05	5000.00		
2	螺钉		个	400	400	5.00	2000.00		
3	油漆		千克	200	200	10.00	2000.00		
4	封边条		米	20000	20000	0.02	400.00		
5	黏合剂		盒	70	70	10.00	700.00		
6	2 人桌包装纸箱		个	3500	3500	5.00	17500.00		
7	3 人桌包装纸箱		个	3500	3500	8.00	28000.00		
	合计						55600.00		

业务 2-11-1

领料单

领料部门:生产部—2 人桌　　　　××年 11 月 24 日　　　　第 001 号

材料编号	材料名称	规格	单位	请领数量	实发数量	单价	金额
	18 mm 装饰板		米	1000		20.00	20000.00
	15 mm 装饰板		米	1000		18.00	18000.00
	支架		个	2000		6.00	12000.00
	固定底座		个	2000		5.00	10000.00
	方钢		米	1000		8.00	8000.00
	5 mm 装饰板		米	1000		6.00	6000.00
	螺栓和螺母		个	12000		0.05	600.00
	螺钉		个	40		5.00	200.00
	油漆		千克	20		10.00	200.00
	封边条		米	2400		0.02	48.00
	黏合剂		盒	10		10.00	100.00
	2 人桌包装纸箱		个	1000		5.00	5000.00
	合计						80148.00
用途	生产 2 人桌	领料部门			发料部门		
		负责人	领料人		核准人	发料人	
		谭世俊	郑旭飞		王清清	刘天娇	

业务 2-11-2

领料单

领料部门:生产部—3 人桌　　　　　　××年 11 月 24 日　　　　　　第 002 号

材料编号	材料名称	规格	单位	请领数量	实发数量	单价	金额
	18 mm 装饰板		米	1500		20.00	30000.00
	15 mm 装饰板		米	1500		18.00	27000.00
	支架		个	3000		6.00	18000.00
	固定底座		个	3000		5.00	15000.00
	方钢		米	1500		8.00	12000.00
	5 mm 装饰板		米	1500		6.00	9000.00
	螺栓和螺母		个	18000		0.05	900.00
	螺钉		个	60		5.00	300.00
	油漆		千克	30		10.00	300.00
	封边条		米	2400		0.02	48.00
	黏合剂		盒	10		10.00	100.00
	3 人桌包装纸箱		个	1000		8.00	8000.00
	合计						120648.00
用途	生产 3 人桌	领料部门			发料部门		
		负责人		领料人	核准人		发料人
		谭世俊		郑旭飞	王清清		刘天娇

业务 2-12

工资表

单位:元

部门编号	部门名称	员工编号	员工姓名	工资总额	取暖费	住房公积金	医疗保险	养老保险	个人所得税	实发工资
1	办公室	101	夏羽飞	6000.00	114.00	900.00	120.00	480.00	250.00	4364.00
1	办公室	102	罗雪青	4000.00	114.00	600.00	80.00	320.00	75.00	3039.00
1	办公室	103	黄小娟	1000.00	114.00	150.00	20.00	80.00	0.00	864.00
1	办公室	104	魏庆峰	1000.00	114.00	150.00	20.00	80.00	0.00	864.00
1	办公室	105	杨咏	1000.00	114.00	150.00	20.00	80.00	0.00	864.00
合计				13000.00	570.00	1950.00	260.00	1040.00	325.00	9995.00
2	生产部	201	谭世俊	4000.00	114.00	600.00	80.00	320.00	75.00	3039.00
2	生产部	202	钱忠坤	1000.00	114.00	150.00	20.00	80.00	0.00	864.00
2	生产部	203	郑旭飞	1000.00	114.00	150.00	20.00	80.00	0.00	864.00
2	生产部	204	郭新鑫	1000.00	114.00	150.00	20.00	80.00	0.00	864.00
2	生产部	205	宫为维	1000.00	114.00	150.00	20.00	80.00	0.00	864.00
2	生产部	206	于旭晖	1000.00	114.00	150.00	20.00	80.00	0.00	864.00
2	生产部	207	孙有粮	1000.00	114.00	150.00	20.00	80.00	0.00	864.00
2	生产部	208	周新方	1000.00	114.00	150.00	20.00	80.00	0.00	864.00
2	生产部	209	杨小健	1000.00	114.00	150.00	20.00	80.00	0.00	864.00
2	生产部	210	黄军侠	1000.00	114.00	150.00	20.00	80.00	0.00	864.00
2	生产部	211	孙有亮	1000.00	114.00	150.00	20.00	80.00	0.00	864.00
2	生产部	212	王小溪	1000.00	114.00	150.00	20.00	80.00	0.00	864.00
2	生产部	213	祖利军	1000.00	114.00	150.00	20.00	80.00	0.00	864.00
2	生产部	214	何爱军	1000.00	114.00	150.00	20.00	80.00	0.00	864.00
2	生产部	215	宋伟强	1000.00	114.00	150.00	20.00	80.00	0.00	864.00
2	生产部	216	赵银虎	1000.00	114.00	150.00	20.00	80.00	0.00	864.00
2	生产部	217	安在奇	1000.00	114.00	150.00	20.00	80.00	0.00	864.00
2	生产部	218	谢爱民	1000.00	114.00	150.00	20.00	80.00	0.00	864.00
2	生产部	219	胡雪峰	1000.00	114.00	150.00	20.00	80.00	0.00	864.00
2	生产部	220	杨小威	1000.00	114.00	150.00	20.00	80.00	0.00	864.00
2	生产部	221	马颖超	1000.00	114.00	150.00	20.00	80.00	0.00	864.00
2	生产部	222	盖增智	1000.00	114.00	150.00	20.00	80.00	0.00	864.00
2	生产部	223	马黎明	1000.00	114.00	150.00	20.00	80.00	0.00	864.00
2	生产部	224	祖海明	1000.00	114.00	150.00	20.00	80.00	0.00	864.00
2	生产部	225	姜涵涵	1000.00	114.00	150.00	20.00	80.00	0.00	864.00

续表

部门编号	部门名称	员工编号	员工姓名	工资总额	取暖费	住房公积金	医疗保险	养老保险	个人所得税	实发工资
2	生产部	226	孟子岐	1000.00	114.00	150.00	20.00	80.00	0.00	864.00
2	生产部	227	吕明东	1000.00	114.00	150.00	20.00	80.00	0.00	864.00
2	生产部	228	崔京花	1000.00	114.00	150.00	20.00	80.00	0.00	864.00
2	生产部	229	郭艳丽	1000.00	114.00	150.00	20.00	80.00	0.00	864.00
2	生产部	230	洪鸿	1000.00	114.00	150.00	20.00	80.00	0.00	864.00
合计				33000.00	3420.00	4950.00	660.00	2640.00	75.00	28095.00
3	采购部	301	江若岩	4000.00	114.00	600.00	80.00	320.00	75.00	3039.00
3	采购部	302	由天明	3000.00	114.00	450.00	60.00	240.00	12.50	2351.50
3	采购部	303	马天啸	2000.00	114.00	300.00	40.00	160.00	0.00	1614.00
3	采购部	304	温涛	1200.00	114.00	180.00	24.00	96.00	0.00	1014.00
合计				10200.00	456.00	1530.00	204.00	816.00	87.50	8018.50
4	仓储部	401	王清清	1000.00	114.00	150.00	20.00	80.00	0.00	864.00
4	仓储部	402	刘天娇	800.00	114.00	120.00	16.00	64.00	0.00	714.00
合计				1800.00	228.00	270.00	36.00	144.00	0.00	1578.00
5	销售部	501	宫小威	1500.00	114.00	225.00	30.00	120.00	0.00	1239.00
5	销售部	502	曲丽丽	1000.00	114.00	150.00	20.00	80.00	0.00	864.00
5	销售部	503	王艳艳	1000.00	114.00	150.00	20.00	80.00	0.00	864.00
5	销售部	504	夏明海	1200.00	114.00	180.00	24.00	90.00	0.00	1020.00
合计				4700.00	456.00	705.00	94.00	370.00	0.00	3987.00
6	财务部	601	赵轩	5000.00	114.00	750.00	100.00	400.00	150.00	3714.00
6	财务部	602	王云	3000.00	114.00	450.00	60.00	240.00	12.50	2351.50
6	财务部	603	张艾佳	2000.00	114.00	300.00	40.00	160.00	0.00	1614.00
6	财务部	604	刘涌	2800.00	114.00	420.00	56.00	224.00	5.00	2209.00
合计				12800.00	456.00	1920.00	256.00	1024.00	167.50	9888.50
7	人力资源部	701	胡美玲	3200.00	114.00	480.00	64.00	256.00	20.00	2494.00
7	人力资源部	702	曲天威	1000.00	114.00	150.00	20.00	80.00	0.00	864.00
7	人力资源部	703	曲艺	1000.00	114.00	150.00	20.00	80.00	0.00	864.00
合计				5200.00	342.00	780.00	104.00	416.00	20.00	4222.00
总计				80700.00	5928.00	12105.00	1614.00	6450.00	675.00	65784.00

附录 B　实训三的原始单据

业务 3-1-1

大连银行 转账支票存根 No578700001
科目：
对方科目：
出票日期 ××年 12 月 1 日
收款人：
金额： ￥20000
用途： 备用金

单位主管　　会计
复核　　记账

大连银行转账支票　大连

出票日期(大写)××年壹拾贰月零壹日　付款行名称：大连银行××支行
付款人：H 家具制造有限公司　出票账号：××

人民币(大写)	千	百	十	万	千	百	十	元	角	分
贰万元整			￥	2	0	0	0	0	0	0

用途：备用金　科目(借)
上列款项请从　对方科目(贷)
我账户内支付　转账日期　年　月　日
出票人签章　复核　记账

业务 3-1-2

收据

今收到 H 家具制造有限公司归还垫资开办费金额(大写)人民币伍万元整(￥50000.00)

××年 12 月 1 日

夏羽飞

业务 3-2-1

工资表

单位:元

部门	工资总额	取暖费	住房公积金	医疗保险	养老保险	个人所得税	实发工资
办公室	13000	570	1950	260	1040	325	9995
生产部	33000	3420	4950	660	2640	75	28095
采购部	10200	456	1530	204	816	87.5	8018.5
仓储部	1800	228	270	36	144	0	1578
销售部	4700	456	705	94	370	0	3987
财务部	12800	456	1920	256	1024	167.5	9888.5
人力资源部	5200	342	780	104	416	20	4222
总计	80700	5928	12105	1614	6450	675	65784

财务主管:　　　　制单:

业务 3-2-2

大连银行
转账支票存根
No578700002

科目:
对方科目:
出票日期 ××年 12 月 5 日
收款人:
金额: ¥65784.00
用途: 支付工资

单位主管　　会计
复核　　记账

大连银行转账支票　大连

出票日期(大写)××年壹拾贰月零伍日　付款行名称:大连银行××支行

付款人:H 家具制造有限公司　出票账号:××

人民币(大写)	千	百	十	万	千	百	十	元	角	分
陆万伍仟柒佰捌拾肆元整			¥	6	5	7	8	4	0	0

用途:支付工资　　科目(借)

上列款项请从　　对方科目(贷)

我账户内支付　　转账日期　年　月　日

出票人签章　　复核　　记账

业务 3-3-1

代扣代缴个人所得税计算表

项目	工资数	人数	住房公积金	医疗保险	养老保险	应纳税所得额	适用税率	速算扣除数	应纳税额
工资薪金	6000	1	900	120	480	2500	15%	125	250
工资薪金	20200	7	3030	404	1616	13150	10%	25	395
工资薪金	8800	3	1320	176	704	4600	5%	0	30
工资薪金	33700	41	6855	914	3656	0	0	0	0
合计	68700	52	12105	1614	6450	20250			675

业务 3-3-2

税收缴款通知书

××年 12 月 8 日 地

缴款单位(人)			预算科目		
	代码	6400011		编码	
	全称	H 家具制造有限公司		名称	
	开户银行	大连银行××支行		级次	
	账号	××	收款国库		

税款所属时期:××年 11 月 11 日至××年 11 月 30 日	税款限缴日期:××年 12 月 10 日

品目名称	课税数量	计税金额或销售收入	税率或单位税额	已缴或扣除额	实缴金额
个人所得税					675.00
金额合计(大写)人民币陆佰柒拾伍元整					¥675.00

缴款单位(人)(盖章) 经办人(章)	税务机关(盖章) 填票人(章)	上述款项已收妥并划转收款单位账户 国库(银行)盖章 ××年 12 月 8 日	备注

第一联国库(银行)收款盖章后退缴款人作完税凭证

无银行收讫章无效逾期不缴纳按税法规定加收滞纳金

业务 3-4-1

住房公积金汇(补)缴书

日期:××年 12 月 8 日　　　　联系人:黄小娟　　　　联系电话:××

单位账号			单位名称							
交易人数	52 人		交缴时间	××年 11 月一个月						
人民币(大写)	壹万贰仟壹佰零伍元整	千	百	十	万	千	百	十	元	角	分
				¥	1	2	1	0	5	0	0
交易方式	支票现金预缴转入		交易类型	汇缴补缴						
支票号码		缴存类型		对应账号						
单位预留印鉴										

业务 3-4-2

大连银行
转账支票存根
No578700003

科目:	
对方科目:	
出票日期 ××年 12 月 8 日	
收款人:	
金额: ¥12105.00	
用途: 住房公积金	

单位主管　　会计
复核　　记账

大连银行转账支票　大连

出票日期(大写)××年壹拾贰月零捌日　付款行名称:大连银行××支行
付款人:H 家具制造有限公司　出票账号:××

人民币(大写)	千	百	十	万	千	百	十	元	角	分
壹万贰仟壹佰零伍元整			¥	1	2	1	0	5	0	0

用途:住房公积金　　科目(借)
上列款项请从　　对方科目(贷)
我账户内支付　　转账日期　　年　　月　　日
出票人签章　　复核　　记账

业务 3-5-1

社会保障基金专用收据

辽财政监大字第 047-1 号　　收款日期：××年 12 月 8 日　　0900017903

付款单位(交款人)	H 家具制造有限公司	结算方式	转账支票
人民币(大写)	叁万肆仟贰佰玖拾壹元伍角整		
摘要： 养老保险：单位 15333 元，个人 6450 元 失业保险：1614 元 医疗保险：单位 6456 元，个人 1614 元 工伤保险：807 元 生育保险：403.5 元 采暖费(在职一次性)：1614 元 合计：34291.50 元		上述款项照数收讫无误。 收款单位财会专用章	

会计主管：　　稽核：　　出纳：　　收款：

业务 3-5-2

大连银行
转账支票存根
No578700013

科目：
对方科目：
出票日期 ××年 12 月 8 日
收款人：
金额： ￥34291.50
用途： 社保基金

单位主管　会计
复核　记账

大连银行转账支票　大连

出票日期(大写)××年壹拾贰月零捌日　付款行名称：大连银行××支行
付款人：H 家具制造有限公司　出票账号：××

人民币(大写)	千	百	十	万	千	百	十	元	角	分
叁万肆仟贰佰玖拾壹元伍角整			￥	3	4	2	9	1	5	0

用途：社保基金　　科目(借)
上列款项请从　　对方科目(贷)
我账户内支付　　转账日期　年　月　日
出票人签章　　复核　记账

业务 3-6-1

大连增值税专用发票

No. 02004721

记账联　　　　开票日期：××年 12 月 10 日

<table>
<tr><td rowspan="1">购货单位</td><td colspan="5">名称：G 会展有限公司
税务登记号：210203600322569
地址、电话：西岗区滨海中路 90 号
0411-83642599
开户银行及账号：中国农业银行
210203121236621071</td><td>密码区</td><td></td></tr>
<tr><td>货物或应税劳务名称</td><td>规格型号</td><td>单位</td><td>数量</td><td>单价</td><td>金额</td><td>税率</td><td>税额</td></tr>
<tr><td>2 人桌</td><td></td><td>张</td><td>800</td><td>150.00</td><td>120000.00</td><td>13%</td><td>15600.00</td></tr>
<tr><td>3 人桌</td><td></td><td>张</td><td>800</td><td>200.00</td><td>160000.00</td><td>13%</td><td>20800.00</td></tr>
<tr><td>合计</td><td></td><td></td><td></td><td></td><td>280000.00</td><td></td><td>36400.00</td></tr>
<tr><td>价税合计（大写）</td><td colspan="7">⊗叁拾壹万陆仟肆佰元整　¥316400.00</td></tr>
<tr><td>销货单位</td><td colspan="5">名称：H 家具制造有限公司
纳税人识别号：××
地址、电话：大连市甘井子区××路
18 号 3-301　××
开户银行及账号：大连银行××支行
800000208002222</td><td>备注</td><td>转账支票</td></tr>
</table>

收款人：　　　　复核：　　　　开票人：曲丽丽　　　　销售单位：（章）

业务 3-6-2

中国农业银行转账支票（辽）　大连

出票日期（大写）××年壹拾贰月壹拾日　　　　付款行名称：中国农业银行周水子高新园区办事处

付款人：G 会展有限公司　　　　出票账号：210203121236621071

人民币（大写）	千	百	十	万	千	百	十	元	角	分
叁拾壹万陆仟肆佰元整		¥	3	1	6	4	0	0	0	0

用途：货款　　　　科目（借）

上列款项请从　　　　对方科目（贷）

我账户内支付　　　　转账日期　年　月　日

出票人签章　　　　复核　　记账

业务 3-6-3

产品出库单

年　　月　　日　　　　　　　　　　　　　　　　　　单位：元

产品编号	产品名称规格	单位	数量	单位成本	总成本	备注
合计						

主管：　　　　保管：　　　　检验：　　　　制单：

业务 3-6-4

大连银行进账单（收账通知）

××年 12 月 10 日第 3698 号

<table>
<tr><td rowspan="3">出票人</td><td>全称</td><td colspan="2"></td><td rowspan="3">收款人</td><td colspan="2">全称</td><td colspan="7"></td></tr>
<tr><td>账号</td><td colspan="2"></td><td colspan="2">账号</td><td colspan="7"></td></tr>
<tr><td>开户银行</td><td colspan="2"></td><td colspan="2">开户银行</td><td colspan="7"></td></tr>
<tr><td colspan="2" rowspan="2">人民币（大写）</td><td colspan="2" rowspan="2"></td><td>千</td><td>百</td><td>十</td><td>万</td><td>千</td><td>百</td><td>十</td><td>元</td><td>角</td><td>分</td></tr>
<tr><td></td><td></td><td></td><td></td><td></td><td></td><td></td><td></td><td></td><td></td></tr>
<tr><td colspan="2">票据种类</td><td></td><td>票据张数</td><td colspan="10" rowspan="3">收款人开户银行盖章</td></tr>
<tr><td colspan="2">票据号码</td><td colspan="2"></td></tr>
<tr><td colspan="4"></td></tr>
</table>

业务 3-7

大连银行电汇凭证（回单）

☑普通　☐加急　　　　　　　　　　　　　　　　委托日期：××年 12 月 15 日

<table>
<tr><td rowspan="3">付款人</td><td>全称</td><td>H 家具制造有限公司</td><td rowspan="3">收款人</td><td colspan="2">全称</td><td colspan="8">山东 K 公司板材厂</td></tr>
<tr><td>账号</td><td>800000208002222</td><td colspan="2">账号</td><td colspan="8">958202123455555900</td></tr>
<tr><td>汇出地点</td><td>辽宁大连</td><td colspan="2">汇入地点</td><td colspan="8">山东济南</td></tr>
<tr><td colspan="2">汇出行名称</td><td>大连银行××支行</td><td colspan="3">汇入行名称</td><td colspan="8">中兴银行</td></tr>
<tr><td rowspan="2">金额</td><td colspan="2" rowspan="2">人民币（大写）　伍万元整</td><td>千</td><td>百</td><td>十</td><td>万</td><td>千</td><td>百</td><td>十</td><td>元</td><td>角</td><td>分</td></tr>
<tr><td></td><td></td><td>¥</td><td>5</td><td>0</td><td>0</td><td>0</td><td>0</td><td>0</td><td>0</td></tr>
<tr><td colspan="3" rowspan="2">汇出行签章</td><td colspan="10">支付密码：</td></tr>
<tr><td colspan="10">附加信息及用途：
复核：　　　　记账：</td></tr>
</table>

业务 3-8

大连银行进账单(收款通知)

××年 12 月 15 日第 3798 号

<table>
<tr><td rowspan="3">出票人</td><td>全称</td><td colspan="3"></td><td rowspan="3">收款人</td><td>全称</td><td colspan="9"></td></tr>
<tr><td>账号</td><td colspan="3"></td><td>账号</td><td colspan="9"></td></tr>
<tr><td>开户银行</td><td colspan="3"></td><td>开户银行</td><td colspan="9"></td></tr>
<tr><td rowspan="2" colspan="2">人民币(大写)</td><td rowspan="2" colspan="3"></td><td>千</td><td>百</td><td>十</td><td>万</td><td>千</td><td>百</td><td>十</td><td>元</td><td>角</td><td>分</td></tr>
<tr><td></td><td></td><td></td><td></td><td></td><td></td><td></td><td></td><td></td><td></td></tr>
<tr><td colspan="2">票据种类</td><td></td><td>票据张数</td><td></td><td colspan="3"></td><td colspan="8">收款人开户银行盖章</td></tr>
</table>

业务 3-9

大连银行汇票申请书(借方凭证)

××年 12 月 16 日　　　　单号：

<table>
<tr><td>收款人</td><td colspan="2">F 科技有限公司</td><td>汇款人</td><td colspan="10">H 家具制造有限公司</td></tr>
<tr><td>账号或地址</td><td colspan="2">866000212122112222</td><td>账号或地址</td><td colspan="10">800000208002222</td></tr>
<tr><td>兑付地点</td><td colspan="2">大连</td><td>兑付行</td><td colspan="10">大连银行××支行</td></tr>
<tr><td rowspan="2">汇款金额</td><td rowspan="2">人民币
(大写)</td><td rowspan="2">壹万伍仟元整</td><td>千</td><td>百</td><td>十</td><td>万</td><td>千</td><td>百</td><td>十</td><td>元</td><td>角</td><td>分</td></tr>
<tr><td></td><td></td><td>¥</td><td>1</td><td>5</td><td>0</td><td>0</td><td>0</td><td>0</td><td>0</td></tr>
</table>

此联由汇款人留存作记账凭证

上列款项请从我账户内支付
申请人盖章

科目
对方科目
转账日期
复核　　　　　　　　记账

业务 3-10-1

大连增值税专用发票

2153573909

发票联　　　　开票日期：××年 12 月 16 日

购货单位	名称：H 家具制造有限公司 纳税人识别号：×× 地址、电话：大连市甘井子区××路 18 号 3-301　×× 开户银行及账号：大连银行××支行 800000208002222	密码区	＊/＋9＊7856-0＊＋942128＋〉 加密版本：01 37978＞＜-＋＞＜-495＜＞311 2102091140 25＜07＊＊067＊--＜35＜＞＋＊/ 00352542 ＋186-2/55＊52-＊0＞1

货物或应税劳务名称	规格型号	单位	数量	单价	金额	税率	税额
检测设备		套	1	12425.00	12425.00	13%	1615.25
合计					12425.00		1615.25

价税合计（大写）	⊗壹万肆仟零肆拾元贰角伍分　¥14040.25

销货单位	名称：F 科技有限公司 税务登记号：210202588552000 地址、电话：西岗区槐花路 52 号 0411-83654112 开户银行及账号：建设银行 866000212122112222	备注	后附销货清单

收款人：　　　　复核：　　　　开票人：肖万　　　　销售单位：(章)

第一联 发票联 购货方记账凭证

业务 3-10-2

大连增值税专用发票

2153573909

抵扣联　　　　开票日期:××年 12 月 16 日

购货单位

名称:H 家具制造有限公司
纳税人识别号:××
地址、电话:大连市甘井子区××路 18 号 3-301　××
开户银行及账号:大连银行××支行 800000208002222

密码区

＊/＋9＊7856-0＊＋942128＋〉
加密版本:01
37978＞＜-＋＞＜-495＜＞311
2102091140
25＜07＊＊067＊--＜35＜＞＋＊/
00352542
＋186-2/55＊52-＊0＞1

货物或应税劳务名称	规格型号	单位	数量	单价	金额	税率	税额
检测设备		套	1	12425.00	12425.00	13%	1615.25
合计					12425.00		1615.25
价税合计(大写)	⊗壹万肆仟零肆拾元贰角伍分　￥14040.25						

销货单位

名称:F 科技有限公司
税务登记号:210202588552000
地址、电话:西岗区槐花路 52 号 0411-83654112
开户银行及账号:建设银行 866000212122112222

备注:后附销货清单

收款人:　　　　复核:　　　　开票人:肖万　　　　销售单位:(章)

第二联　抵扣联　购货方抵扣凭证

业务 3-10-3

大连银行银行汇票

付款期限
壹个月

签发日期(大写)××年壹拾贰月壹拾陆日

<table>
<tr><td colspan="11">收款人:F科技有限公司</td></tr>
<tr><td colspan="11">出票金额:人民币(大写)壹万零伍仟元整</td></tr>
<tr><td rowspan="2">实际结算金额:
人民币(大写)壹万肆仟零肆拾元贰角伍分</td><td>千</td><td>百</td><td>十</td><td>万</td><td>千</td><td>百</td><td>十</td><td>元</td><td>角</td><td>分</td></tr>
<tr><td></td><td></td><td>¥</td><td>1</td><td>4</td><td>0</td><td>4</td><td>0</td><td>2</td><td>5</td></tr>
</table>

<table>
<tr><td rowspan="4">申请人:××家具制造有限公司
账号:800000208002222
出票行:大连银行
备注:
出票行盖章
××年12月16日</td><td colspan="10">密押:</td><td rowspan="4">复核签章</td></tr>
<tr><td colspan="10">多余金额</td></tr>
<tr><td>千</td><td>百</td><td>十</td><td>万</td><td>千</td><td>百</td><td>十</td><td>元</td><td>角</td><td>分</td></tr>
<tr><td></td><td></td><td></td><td></td><td>¥</td><td>9</td><td>5</td><td>9</td><td>7</td><td>5</td></tr>
</table>

提示:付款人以此方式结算,应先转存一笔保证金,由银行签发银行汇票,付款人将银行汇票自带与销货方结算,银行汇票委托书则作为入账凭证。

业务 3-11-1

大连增值税专用发票

2100073140　　　　　　NO 00652561

发票联　　　　开票日期：××年 12 月 16 日

购货单位	名称：H 家具制造有限公司 纳税人识别号：×× 地址、电话：大连市甘井子区××路 18 号 3-301　×× 开户银行及账号：大连银行××支行 800000208002222	密码区	＊/＋9＊7856-0＊＋942127＋〉 加密版本：01 37978><-＋><-495<>311 2102091140 25<07＊＊067＊--<35<>＋＊/ 00352542 ＋187-2/55＊52-＊0>1

货物或应税劳务名称	规格型号	单位	数量	单价	金额	税率	税额
螺栓和螺母		个	100000	0.05	5000.00	13%	650.00
螺钉		个	400	5.00	2000.00	13%	260.00
油漆		千克	200	10.00	2000.00	13%	260.00
封边条		米	20000	0.02	400.00	13%	52.00
黏合剂		盒	70	10.00	700.00	13%	91.00
2 人桌包装纸箱		个	3500	5.00	17500.00	13%	2275.00
3 人桌包装纸箱		个	3500	8.00	28000.00	13%	3640.00
合计					55600.00		7228.00
价税合计（大写）	⊗陆万贰仟捌佰贰拾捌元整　¥62828.00						

销货单位	名称：大连宏达物资公司 税务登记号：210202123696666 地址、电话：西岗区香海街 11 号 0411-865651111 开户银行及账号：中兴银行 210202123455599003	备注	

收款人：　　复核：　　开票人：　　销售单位：（章）

第一联　发票联　购货方记账凭证

业务 3-11-2

大连增值税专用发票

2100073140　　　　　　　　　　　　NO00652561

抵扣联　　　　开票日期：××年 12 月 16 日

购货单位	名称：H 家具制造有限公司 纳税人识别号：×× 地址、电话：大连市甘井子区××路 18 号 3-301　×× 开户银行及账号：大连银行××支行 800000208002222	密码区	*/+9*7856-0*+942127+〉 加密版本：01 37978＞＜-+＞＜-495＜＞311 2102091140 25＜07**067*--＜35＜＞+*/ 00352542 +187-2/55*52-*0＞1

货物或应税劳务名称	规格型号	单位	数量	单价	金额	税率	税额
螺栓和螺母		个	100000	0.05	5000.00	13%	650.00
螺钉		个	400	5.00	2000.00	13%	260.00
油漆		千克	200	10.00	2000.00	13%	260.00
封边条		米	20000	0.02	400.00	13%	52.00
黏合剂		盒	70	10.00	700.00	13%	91.00
2 人桌包装纸箱		个	3500	5.00	17500.00	13%	2275.00
3 人桌包装纸箱		个	3500	8.00	28000.00	13%	3640.00
合计					55600.00		7228.00
价税合计（大写）	⊗陆万贰仟捌佰贰拾捌元整　¥62828.00						

销货单位	名称：大连宏达物资公司 税务登记号：210202123696666 地址、电话：西岗区香海街 11 号 0411-865651111 开户银行及账号：中兴银行 210202123455599003	备注	

收款人：　　　　复核：　　　　开票人：　　　　销售单位：（章）

第二联　抵扣联　购货方抵扣凭证

业务 3-11-3

材料入库单

供应单位：　　　　　　　　　　　　　　　　　　　　入库单编号：

材料类别：　　　　　　××年 12 月 16 日　　　　　　收料仓库：

编号	名称	规格	单位	数量		实际成本				
				应收	实收	买价		运杂费	其他	合计
						单价	金额			
1	螺栓和螺母		个	100000	100000	0.05	5000.00	0.00	0.00	5000.00
2	螺钉		个	400	400	5.00	2000.00	0.00	0.00	2000.00
3	油漆		千克	200	200	10.00	2000.00	0.00	0.00	2000.00
4	封边条		米	20000	20000	0.02	400.00	0.00	0.00	400.00
5	黏合剂		盒	70	70	10.00	700.00	0.00	0.00	700.00
6	2 人桌包装纸箱		个	3500	3500	5.00	17500.00	0.00	0.00	17500.00
7	3 人桌包装纸箱		个	3500	3500	8.00	28000.00	0.00	0.00	28000.00
合计							55600.00	0.00	0.00	55600.00

业务 3-12-1

辽宁省大连市商业货物销售剪贴发票

发票联　　　　　　　　发票代码 121020775511

发票号码 00445531

客户单位：H 家具制造有限公司　　　　　　××年 12 月 18 日

货物及规格	单位	数量	单价（元/吨）	金额							备注
				万	千	百	十	元	角	分	
水泥	吨	8	250	¥	2	0	0	0	0	0	本发票联大写金额与剪贴券剪流金额相符（十元以下部分除外），否则无效
金额（大写）	⊗贰仟元整　¥2000.00										
结算方式	支票	开户行及账户									

②报销凭证

（剪切栏省略）

业务 3-12-2

大连银行 转账支票存根 No588600005
科目：
对方科目：
出票日期 ××年 12 月 18 日
收款人：
金额： ¥2000.00
用途： 购买水泥

单位主管　　会计
复核　　记账

大连银行转账支票　大连

出票日期(大写)××年壹拾贰月壹拾捌日 付款行名称:大连银行××支行

付款人:H 家具制造有限公司　　出票账号:××

人民币(大写)	千	百	十	万	千	百	十	元	角	分
贰仟元整				¥	2	0	0	0	0	0

用途:购买水泥　　科目(借)
上列款项请从　　对方科目(贷)
我账户内支付　　转账日期　年　月　日
出票人签章　　复核　　记账

业务 3-12-3

材料入库单

供应单位：　　入库单编号：
材料类别：　　××年 12 月 18 日　　收料仓库：

编号	名称	规格	单位	数量		实际成本				
				应收	实收	买价		运杂费	其他	合计
						单价	金额			
1	水泥		吨	8	8	250	2000	0	0	2000
合计							2000	0	0	2000

业务 3-12-4

领料单

领料部门:生产部—质量检验组　　××年 12 月 18 日　　第××号

材料编号	材料名称	规格	单位	请领数量	实发数量	单价	金额
	水泥		吨	8	8	250	2000
	合计						2000
用途	安装检测设备	领料部门			发料部门		
		负责人		领料人	核准人		发料人
		谭世俊		郑旭飞	王清清		刘天娇

业务 3-13-1

济南增值税专用发票

9580073140　　　　No. 00888333

发票联　　　　开票日期：××年 12 月 19 日

购货单位	名称：H 家具制造有限公司 纳税人识别号：×× 地址、电话：大连市甘井子区××路 18 号 3-301　×× 开户银行及账号：大连银行××支行 800000208002222				密码区		
货物或应税劳务名称	规格型号	单位	数量	单价	金额	税率	税额
18 mm 装饰板		米	2000	19.00	38000.00	13%	4940.00
15 mm 装饰板		米	2000	16.50	33000.00	13%	4290.00
5 mm 装饰板		米	2000	5.00	10000.00	13%	1300.00
合计					81000.00		10530.00
价税合计（大写）	⊗玖万壹仟伍佰叁拾元整　￥91530.00						
销货单位	名称：山东 K 公司板材厂 税务登记号：958202123453214 地址、电话：金华区中山路 63 号 0531-86569874 开户银行及账号：中兴银行 958202123455555900				备注		

收款人：　　　　复核：　　　　开票人：刘小丫　　　　销售单位：(章)

第一联　发票联　购货方记账凭证

业务 3-13-2

济南增值税专用发票

9580073140　　　　No. 00888333

抵扣联　　　　开票日期：××年 12 月 19 日

购货单位	名称：H 家具制造有限公司 纳税人识别号：×× 地址、电话：大连市甘井子区××路 18 号 3-301　×× 开户银行及账号：大连银行××支行 800000208002222			密码区			
货物或应税劳务名称	规格型号	单位	数量	单价	金额	税率	税额
18 mm 装饰板		米	2000	19.00	38000.00	13%	4940.00
15 mm 装饰板		米	2000	16.50	33000.00	13%	4290.00
5 mm 装饰板		米	2000	5.00	10000.00	13%	1300.00
合计					81000.00		10530.00
价税合计（大写）	⊗玖万壹仟伍佰叁拾元整　¥91530.00						
销货单位	名称：山东 K 公司板材厂 税务登记号：958202123453214 地址、电话：金华区中山路 63 号 0531-86569874 开户银行及账号：中兴银行 958202123455555900			备注			

收款人：　　　复核：　　　开票人：刘小丫　　　销售单位：（章）

第二联　抵扣联　购货方抵扣凭证

业务 3-13-3

公路、内河货物运输统一发票

发票联　　　　发票代码 221020710401

开票日期：××年 12 月 19 日　　　　发票号码 10000001

<table>
<tr><td>机打代码
机打号码
机器编号</td><td>221020710401
10000001
999100101010</td><td>控
税
码</td><td colspan="3">（略）</td></tr>
<tr><td>收货人及纳税人识别号</td><td colspan="2">H 家具制造有限公司××</td><td>承运人及纳税人识别号</td><td colspan="2">B 运输有限公司
958202998877666</td></tr>
<tr><td>发货人及纳税人识别号</td><td colspan="2">山东 K 公司板材厂
958202123453214</td><td>主管税务机关及代码</td><td colspan="2">山东济南市经济开发区地税局 221029600</td></tr>
<tr><td>运输项目及金额</td><td colspan="2">货物名称　数量　运价　里程　金额
铺货　　　　　　　　　　600.00</td><td>运输项目及金额</td><td>项目金额</td><td>备注</td></tr>
<tr><td>运费小计</td><td colspan="2">¥600.00</td><td>其他费用小计</td><td colspan="2">¥0.00</td></tr>
<tr><td>合计(大写)</td><td colspan="5">⊗陆佰元整(小写)¥600.00</td></tr>
</table>

业务 3-13-4

材料入库单

供应单位：　　　　入库单编号：

材料类别：　　　　××年 12 月 19 日　　　　收料仓库：

编号	名称	规格	单位	数量		实际成本				
				应收	实收	买价		运杂费	其他	合计
						单价	金额			
1	18 mm 装饰板		米	2000	2000	19.00	38000.00	200.00		38200.00
2	15 mm 装饰板		米	2000	2000	16.50	33000.00	200.00		33200.00
3	5 mm 装饰板		米	2000	2000	5.00	10000.00	200.00		10200.00
合计							81000.00	600.00		81600.00

业务 3-14

固定资产验收单

申购单位:生产部　　　　××年 12 月 19 日　　　　验收单号:09105

品名	数量	单价/元	金额/元	备注
检测设备	1 套	12425.00	12425.00	生产部
合计		12425.00 元		

验收人签章:谭世俊

业务 3-15-1

大连增值税专用发票

NO 00856987

发票联　　　　开票日期:××年 12 月 20 日

购货单位	名称:H 家具制造有限公司 纳税人识别号:×× 地址、电话:大连市甘井子区××路 18 号 3-301　×× 开户银行及账号:大连银行××支行 800000208002222			密码区			
货物或应税劳务名称	规格型号	单位	数量	单价	金额	税率	税额
电费					24632.00	13%	3202.16
合计					24632.00		3202.16
价税合计(大写)	⊗贰万柒仟捌佰叁拾肆元壹角陆分　¥27834.16						
销货单位	名称:大连电业局 税务登记号:210202123975691 地址、电话:西岗区海鸥街 18 号 0411-865659089 开户银行及账号:中兴银行 210202123459500072			备注	转账		

第一联　发票联　购货方记账凭证

收款人:　　　复核:　　　开票人:　　　销售单位:(章)

业务 3-15-2

大连增值税专用发票

NO 00856987

抵扣联　　　　　开票日期:××年 12 月 20 日

<table>
<tr><td>购货单位</td><td colspan="5">名称:H 家具制造有限公司
纳税人识别号:××
地址、电话:大连市甘井子区××路 18 号 3-301　××
开户银行及账号:大连银行××支行 800000208002222</td><td>密码区</td><td></td></tr>
<tr><td>货物或应税劳务名称</td><td>规格型号</td><td>单位</td><td>数量</td><td>单价</td><td>金额</td><td>税率</td><td>税额</td></tr>
<tr><td>电费</td><td></td><td></td><td></td><td></td><td>24632.00</td><td>13%</td><td>3202.16</td></tr>
<tr><td>合计</td><td></td><td></td><td></td><td></td><td>24632.00</td><td></td><td>3202.16</td></tr>
<tr><td>价税合计（大写）</td><td colspan="7">⊗贰万柒仟捌佰叁拾肆元壹角陆分　¥27834.16</td></tr>
<tr><td>销货单位</td><td colspan="5">名称:大连电业局
税务登记号:210202123975691
地址、电话:西岗区海鸥街 18 号 0411-865659089
开户银行及账号:中兴银行 210202123459500072</td><td>备注</td><td>转账</td></tr>
</table>

第二联　抵扣联　购货方抵扣凭证

收款人:　　　　复核:　　　　开票人:　　　　销售单位:(章)

业务 3-15-3

电费分配表

单位:元

车间	厂部	合计
23600.00	1032.00	24632.00

业务 3-16-1

大连增值税专用发票

NO 02004723

记账联　　　　开票日期：××年 12 月 22 日

<table>
<tr><td>购货单位</td><td colspan="4">名称：X 会议中心
纳税人识别号：210203600322000
地址、电话：西岗区中山中路
66 号 0411-82562511
开户银行及账号：中国农业银行
210203121251121079</td><td>密码区</td><td colspan="3"></td></tr>
<tr><td>货物或应税劳务名称</td><td>规格型号</td><td>单位</td><td>数量</td><td>单价</td><td>金额</td><td>税率</td><td>税额</td></tr>
<tr><td>2 人桌</td><td></td><td>张</td><td>2000</td><td>150.00</td><td>300000.00</td><td>13%</td><td>39000.00</td></tr>
<tr><td>3 人桌</td><td></td><td>张</td><td>2000</td><td>200.00</td><td>400000.00</td><td>13%</td><td>52000.00</td></tr>
<tr><td>合计</td><td></td><td></td><td></td><td></td><td>700000.00</td><td></td><td>91000.00</td></tr>
<tr><td>价税合计（大写）</td><td colspan="7">⊗柒拾玖万壹仟元整　¥791000.00</td></tr>
<tr><td>销货单位</td><td colspan="4">名称：H 家具制造有限公司
税务登记号：××
地址、电话：大连市甘井子区××路
18 号 3-301　××
开户银行及账号：大连银行××支行
800000208002222</td><td>备注</td><td colspan="3">部分收款</td></tr>
</table>

收款人：　　复核：　　开票人：　　销售单位：（章）

第三联　记账联　销售方记账凭证

业务 3-16-2

产品出库单

年　月　日　　　　单位：元

产品编号	产品名称规格	单位	数量	单位成本	总成本	备注
合计						

主管：　　保管：　　检验：　　制单：

业务 3-16-3

中国农业银行转账支票(辽)　大连

出票日期(大写)××年壹拾贰月贰拾贰日　　付款行名称:中国农业银行开发区办事处

付款人:X 会议中心　　出票账号:210203121251121079

人民币(大写)	千	百	十	万	千	百	十	元	角	分
陆拾叁万贰仟捌佰元整		¥	6	3	2	8	0	0	0	0

用途:货款　　科目(借)

上列款项请从　　对方科目(贷)

我账户内支付　　转账日期　年　月　日

出票人签章　　复核　　记账

业务 3-16-4

大连银行进账单(收款通知)

年　月　日　　第 3698 号

出票人	全称		收款人	全称	
	账号			账号	
	开户银行			开户银行	

人民币(大写)	千	百	十	万	千	百	十	元	角	分

票据种类		票据张数		收款人开户银行盖章

此联是收款人开户银行交给收款人的回单或收账通知

业务 3-17-1

边角料销售表

单位:元

品种	计量单位	数量	单价	金额
塑料桶	个	200	5.00	1000.00
边角木料	公斤	400	2.00	800.00
合计				¥1800.00

业务 3-17-2

<table>
<tr><td colspan="5" align="center">收据</td></tr>
<tr><td colspan="5">今收到　　　　　　　　　　金额(大写)人民币　　　　　　　　　　(￥　　　　　　),现金收讫。
年　　月　　日
收款单位(财务专用章)</td></tr>
<tr><td>核准</td><td>会计</td><td>记账</td><td>出纳</td><td>经手人</td></tr>
</table>

业务 3-17-3

现金送(缴)款单

年　　月　　日

<table>
<tr><td rowspan="4">客户填写</td><td>企业名称</td><td></td><td rowspan="4">收款人</td><td>开户行</td><td colspan="10"></td><td rowspan="6">第二联

客户回单</td></tr>
<tr><td>单位账户</td><td></td><td>款项来源</td><td colspan="10"></td></tr>
<tr><td rowspan="2">币种及金额
(大写)</td><td rowspan="2"></td><td>千</td><td>百</td><td>十</td><td>万</td><td>千</td><td>百</td><td>十</td><td>元</td><td>角</td><td>分</td></tr>
<tr><td></td><td></td><td></td><td></td><td></td><td></td><td></td><td></td><td></td><td></td></tr>
<tr><td>银行专用栏</td><td colspan="13">交易码：　　　　交易日期：　　　　柜员交易号：
单位名称：
单位账号：　　　　　　　　　　起息日期：
币种及金额(大写)
(小写)
摘要：
银行签章：</td></tr>
</table>

业务 3-18-1

大连增值税专用发票

NO 02004728

记账联　　　　开票日期：××年 12 月 23 日

购货单位	名称：X 会议中心 纳税人识别号：210203600322000 地址、电话：西岗区中山中路 66 号 0411-82562511 开户银行及账号：中国农业银行 210203121251121079			密码区			
货物或应税劳务名称	规格型号	单位	数量	单价	金额	税率	税额
2 人桌		张	200	150.00	30000.00	13%	3900.00
3 人桌		张	200	200.00	40000.00	13%	5200.00
合计					70000.00		9100.00
价税合计（大写）	⊗柒万玖仟壹佰元整　¥79100.00						
销货单位	名称：H 家具制造有限公司 税务登记号：×× 地址、电话：大连市甘井子区××路 18 号 3-301　×× 开户银行及账号：大连银行××支行 800000208002222			备注			

第三联　记账联　销售方记账凭证

收款人：　　　　复核：　　　　开票人：　　　　销售单位：（章）

业务 3-18-2

产品出库单

年　月　日　　　　单位：元

产品编号	产品名称规格	单位	数量	单位成本	总成本	备注
合计						

主管：　　　　保管：　　　　检验：　　　　制单：

业务 3-18-3

银行承兑汇票

签发日期(大写)　　年　　月　　日

收款人	全称				付款人	全称									
	账号					账号									
	开户银行		行号			开户银行				行号					
汇票金额		人民币(大写)			千	百	十	万	千	百	十	元	角	分	
汇票到期日		年　月　日			本汇票已经承兑，到期日自行付款。				承兑协议编号						
本汇票付款行承兑，到期无条件付款。 出票人篇章： 年　月　日					承兑行篇章： 承兑日期：				科目(借) 对方科目(贷) 转账　年　月　日 稽核　记账						

业务 3-19

大连银行贷款利息回单

××年 12 月 23 日　　　　第　　号

付款单位	账号	××	收款单位	账号	2603
	户号	H 家具制造有限公司		户号	利息收入
	开户银行	××支行		开户银行	××支行
积数		利率：6%			利息：¥986.30
起息日：		止息日：	科目： 对方科目： 复核员：　记账员：		

业务 3-20-1

大连银行电汇凭证(回单)

√普通　加急　　　　委托日期××年 12 月 24 日

付款人	全称	H 家具制造有限公司	收款人	全称	山东 K 公司板材 T						
	账号	800000208002222		账号	9582021234555555900						
	汇出地点	辽宁省大连市		汇入地点	山东省济南市						
汇出行名		大连银行××支行	汇入行名		中兴银行						
金额	人民币(大写)肆万壹仟伍佰叁拾元整		千	百	十	万	千	百	十	元	角	分
					¥	4	1	5	3	0	0	0
汇出签章			支付密码									
			附加信息及用途									
			复核：　　记账：									

业务 3-20-2

大连银行收费回单

交易流水:110201930011　　　××年 12 月 24 日

付款人账号	800000208002222	付款人名称	H 家具制造有限公司
收费种类	币种	交易金额	收费金额
47　电汇手续费	人民币	41530.00	0.50
93　电子汇划费	人民币	41530.00	10.00
合计金额	10.50		

柜员号:11020101　佐月

业务 3-21-1

大连增值税专用发票

NO 00956001

发票联　　　　开票日期：××年 12 月 25 日

<table>
<tr><td>购货单位</td><td colspan="4">名称：H 家具制造有限公司
纳税人识别号：××
地址、电话：大连市甘井子区××路 18 号 3-301　××
开户银行及账号：大连银行××支行 800000208002222</td><td>密码区</td><td colspan="3"></td></tr>
<tr><td colspan="2">货物或应税劳务名称</td><td>规格型号</td><td>单位</td><td>数量</td><td>单价</td><td>金额</td><td>税率</td><td>税额</td></tr>
<tr><td colspan="2">零件</td><td></td><td>个</td><td>100</td><td>10.00</td><td>1000.00</td><td>13%</td><td>130.00</td></tr>
<tr><td colspan="2">合计</td><td></td><td></td><td></td><td></td><td>1000.00</td><td></td><td>130.00</td></tr>
<tr><td colspan="2">价税合计（大写）</td><td colspan="7">⊗壹仟壹佰叁拾元整　¥1130.00</td></tr>
<tr><td>销货单位</td><td colspan="4">名称：大连机电大世界
税务登记号：210202123977771
地址、电话：甘井子区石砾 11 号 0411-865662084
开户银行及账号：中兴银行 210202123455596651</td><td>备注</td><td colspan="3">转账</td></tr>
</table>

第一联　发票联　购货方记账凭证

收款人：　　　复核：　　　开票人：　　　销售单位：（章）

业务 3-21-2

大连增值税专用发票

NO 00956001

抵扣联　　　　开票日期：××年 12 月 25 日

<table>
<tr><td>购货单位</td><td colspan="4">名称：H 家具制造有限公司
纳税人识别号：××
地址、电话：大连市甘井子区××路 18 号 3-301　××
开户银行及账号：大连银行××支行 800000208002222</td><td>密码区</td><td colspan="3"></td></tr>
<tr><td colspan="2">货物或应税劳务名称</td><td>规格型号</td><td>单位</td><td>数量</td><td>单价</td><td>金额</td><td>税率</td><td>税额</td></tr>
<tr><td colspan="2">零件</td><td></td><td>个</td><td>100</td><td>10.00</td><td>1000.00</td><td>13%</td><td>130.00</td></tr>
<tr><td colspan="2">合计</td><td></td><td></td><td></td><td></td><td>1000.00</td><td></td><td>130.00</td></tr>
<tr><td colspan="2">价税合计（大写）</td><td colspan="7">⊗壹仟壹佰叁拾元整　¥1130.00</td></tr>
<tr><td>销货单位</td><td colspan="4">名称：大连机电大世界
税务登记号：210202123977771
地址、电话：甘井子区石砾 11 号 0411-865662084
开户银行及账号：中兴银行 210202123455596651</td><td>备注</td><td colspan="3">转账</td></tr>
</table>

第二联　抵扣联　购货方抵扣凭证

收款人：　　　　复核：　　　　开票人：　　　　销售单位：（章）

业务 3-21-3

大连银行 转账支票存根 No588600013
科目：
对方科目：
出票日期 ××年 12 月 25 日
收款人：
金额： ¥1130.00
用途： 购买零件

单位主管　　会计
复核　　记账

大连银行转账支票　大连

出票日期(大写)××年壹拾贰月贰拾伍日 付款行名称：大连银行××支行
付款人：H 家具制造有限公司　　出票账号：××

人民币(大写)	千	百	十	万	千	百	十	元	角	分
壹仟壹佰叁拾元整				¥	1	1	3	0	0	0

用途：购买零件　　科目(借)
上列款项请从　　对方科目(贷)
我账户内支付　　转账日期　年　月　日
出票人签章　　复核　　记账

业务 3-21-4

低值易耗品验收单

申购单位：　　年　月　日　　验收单号：

品名	数量	单价/元	金额/元	备注
合计				

验收人签章：罗雪青

业务 3-21-5

低值易耗品领用单

申购单位：　　年　月　日　　领用单号：

名称			规格型号	
销售商			购置日期	
单价		数量	计量单位	
发票号			货到日期	
采购人		领用人	验收日期	
随机资料				
领用部门				

业务 3-22-1

大连增值税专用发票

NO 00696001

记账联　　　　开票日期：××年 12 月 29 日

<table>
<tr><td>购货单位</td><td colspan="4">名称：E 公司
纳税人识别号：210203600322765
地址、电话：西岗区中山路 88 号 0411-82562225
开户银行及账号：农业银行 210203121298821079</td><td>密码区</td><td colspan="3"></td></tr>
<tr><td colspan="2">货物或应税劳务名称</td><td>规格型号</td><td>单位</td><td>数量</td><td>单价</td><td>金额</td><td>税率</td><td>税额</td></tr>
<tr><td colspan="2">2 人桌</td><td></td><td>张</td><td>1000</td><td>150.00</td><td>150000.00</td><td>13%</td><td>19500.00</td></tr>
<tr><td colspan="2">3 人桌</td><td></td><td>张</td><td>1000</td><td>200.00</td><td>200000.00</td><td>13%</td><td>26000.00</td></tr>
<tr><td colspan="2">合计</td><td></td><td></td><td></td><td></td><td>350000.00</td><td></td><td>45500.00</td></tr>
<tr><td colspan="2">价税合计（大写）</td><td colspan="7">⊗叁拾玖万伍仟伍佰元整　￥395500.00</td></tr>
<tr><td>销货单位</td><td colspan="4">名称：H 家具制造有限公司
税务登记号：××
地址、电话：大连市甘井子区××路 18 号 3-301　××
开户银行及账号：大连银行××支行 800000208002222</td><td>备注</td><td colspan="3"></td></tr>
</table>

收款人：　　　复核：　　　开票人：　　　销售单位：（章）

第三联　记账联　销售方记账凭证

业务 3-22-2

产品出库单

年　　月　　日　　　　　　　　单位：元

产品编号	产品名称规格	单位	数量	单位成本	总成本	备注
合计						

主管：　　　　保管：　　　　检验：　　　　制单：

业务 3-23

票据贴现凭证（收账通知）

填写日期××年 12 月 31 日

<table>
<tr><td rowspan="3">申请人</td><td>全称</td><td colspan="3"></td><td rowspan="3">贴现汇票</td><td colspan="3">全称</td><td colspan="6"></td></tr>
<tr><td>账号</td><td colspan="3"></td><td colspan="3">发票日</td><td colspan="6"></td></tr>
<tr><td>开户银行</td><td></td><td>行号</td><td></td><td colspan="3">到期日</td><td colspan="6"></td></tr>
<tr><td colspan="2">汇票承兑人</td><td colspan="3"></td><td>账号</td><td colspan="3"></td><td colspan="2">开户银行</td><td colspan="4"></td></tr>
<tr><td colspan="2" rowspan="2">汇票金额
（贴现金额）</td><td colspan="3" rowspan="2">人民币（大写）</td><td>千</td><td>百</td><td>十</td><td>万</td><td>千</td><td>百</td><td>十</td><td>元</td><td>角</td><td>分</td></tr>
<tr><td></td><td></td><td></td><td></td><td></td><td></td><td></td><td></td><td></td><td></td></tr>
<tr><td colspan="2">年贴现率</td><td>贴现利息</td><td colspan="2" rowspan="2">实付金额</td><td></td><td></td><td></td><td></td><td></td><td></td><td></td><td></td><td></td><td></td></tr>
<tr><td colspan="2">6％</td><td></td><td></td><td></td><td></td><td></td><td></td><td></td><td></td><td></td><td></td><td></td></tr>
<tr><td colspan="5"></td><td colspan="10"></td></tr>
<tr><td colspan="5">银行盖章</td><td colspan="10">备注：</td></tr>
</table>

附录C 实训四的原始单据

业务 4-1-1

工资表

单位:元

部门编号	部门名称	员工编号	员工姓名	工资总额	取暖费	住房公积金	医疗保险	养老保险	个人所得税	实发工资
1	办公室	101	夏羽飞	6000.00	114.00	900.00	120.00	480.00	250.00	4364.00
1	办公室	102	罗雪青	4000.00	114.00	600.00	80.00	320.00	75.00	3039.00
1	办公室	103	黄小娟	1000.00	114.00	150.00	20.00	80.00	0.00	864.00
1	办公室	104	魏庆峰	1000.00	114.00	150.00	20.00	80.00	0.00	864.00
1	办公室	105	杨咏	1000.00	114.00	150.00	20.00	80.00	0.00	864.00
合计				13000.00	570.00	1950.00	260.00	1040.00	325.00	9995.00
2	生产部	201	谭世俊	4000.00	114.00	600.00	80.00	320.00	75.00	3039.00
2	生产部	202	钱忠坤	1000.00	114.00	150.00	20.00	80.00	0.00	864.00
2	生产部	203	郑旭飞	1000.00	114.00	150.00	20.00	80.00	0.00	864.00
2	生产部	204	郭新鑫	1000.00	114.00	150.00	20.00	80.00	0.00	864.00
2	生产部	205	宫为维	1000.00	114.00	150.00	20.00	80.00	0.00	864.00
2	生产部	206	于旭晖	1000.00	114.00	150.00	20.00	80.00	0.00	864.00
2	生产部	207	孙有粮	1000.00	114.00	150.00	20.00	80.00	0.00	864.00
2	生产部	208	周新方	1000.00	114.00	150.00	20.00	80.00	0.00	864.00
2	生产部	209	杨小健	1000.00	114.00	150.00	20.00	80.00	0.00	864.00
2	生产部	210	黄军侠	1000.00	114.00	150.00	20.00	80.00	0.00	864.00
2	生产部	211	孙有亮	1000.00	114.00	150.00	20.00	80.00	0.00	864.00
2	生产部	212	王小溪	1000.00	114.00	150.00	20.00	80.00	0.00	864.00
2	生产部	213	祖利军	1000.00	114.00	150.00	20.00	80.00	0.00	864.00
2	生产部	214	何爱军	1000.00	114.00	150.00	20.00	80.00	0.00	864.00
2	生产部	215	宋伟强	1000.00	114.00	150.00	20.00	80.00	0.00	864.00
2	生产部	216	赵银虎	1000.00	114.00	150.00	20.00	80.00	0.00	864.00
2	生产部	217	安在奇	1000.00	114.00	150.00	20.00	80.00	0.00	864.00
2	生产部	218	谢爱民	1000.00	114.00	150.00	20.00	80.00	0.00	864.00
2	生产部	219	胡雪峰	1000.00	114.00	150.00	20.00	80.00	0.00	864.00

续表

部门编号	部门名称	员工编号	员工姓名	工资总额	取暖费	住房公积金	医疗保险	养老保险	个人所得税	实发工资
2	生产部	220	杨小威	1000.00	114.00	150.00	20.00	80.00	0.00	864.00
2	生产部	221	马颖超	1000.00	114.00	150.00	20.00	80.00	0.00	864.00
2	生产部	222	盖增智	1000.00	114.00	150.00	20.00	80.00	0.00	864.00
2	生产部	223	马黎明	1000.00	114.00	150.00	20.00	80.00	0.00	864.00
2	生产部	224	祖海明	1000.00	114.00	150.00	20.00	80.00	0.00	864.00
2	生产部	225	姜涵涵	1000.00	114.00	150.00	20.00	80.00	0.00	864.00
2	生产部	226	孟子岐	1000.00	114.00	150.00	20.00	80.00	0.00	864.00
2	生产部	227	吕明东	1000.00	114.00	150.00	20.00	80.00	0.00	864.00
2	生产部	228	崔京花	1000.00	114.00	150.00	20.00	80.00	0.00	864.00
2	生产部	229	郭艳丽	1000.00	114.00	150.00	20.00	80.00	0.00	864.00
2	生产部	230	洪鸿	1000.00	114.00	150.00	20.00	80.00	0.00	864.00
合计				33000.00	3420.00	4950.00	660.00	2640.00	75.00	28095.00
3	采购部	301	江若岩	4000.00	114.00	600.00	80.00	320.00	75.00	3039.00
3	采购部	302	由天明	3000.00	114.00	450.00	60.00	240.00	12.50	2351.50
3	采购部	303	马天啸	2000.00	114.00	300.00	40.00	160.00	0.00	1614.00
3	采购部	304	温涛	1200.00	114.00	180.00	24.00	96.00	0.00	1014.00
合计				10200.00	456.00	1530.00	204.00	816.00	87.50	8018.50
4	仓储部	401	王清清	1000.00	114.00	150.00	20.00	80.00	0.00	864.00
4	仓储部	402	刘天娇	800.00	114.00	120.00	16.00	64.00	0.00	714.00
合计				1800.00	228.00	270.00	36.00	144.00	0.00	1578.00
5	销售部	501	宫小威	1500.00	114.00	225.00	30.00	120.00	0.00	1239.00
5	销售部	502	曲丽丽	1000.00	114.00	150.00	20.00	80.00	0.00	864.00
5	销售部	503	王艳艳	1000.00	114.00	150.00	20.00	80.00	0.00	864.00
5	销售部	504	夏明海	1200.00	114.00	180.00	24.00	90.00	0.00	1020.00
合计				4700.00	456.00	705.00	94.00	370.00	0.00	3987.00
6	财务部	601	赵轩	5000.00	114.00	750.00	100.00	400.00	150.00	3714.00
6	财务部	602	王云	3000.00	114.00	450.00	60.00	240.00	12.50	2351.50
6	财务部	603	张艾佳	2000.00	114.00	300.00	40.00	160.00	0.00	1614.00
6	财务部	604	刘涌	2800.00	114.00	420.00	56.00	224.00	5.00	2209.00
合计				12800.00	456.00	1920.00	256.00	1024.00	167.50	9888.50
7	人力资源部	701	胡美玲	3200.00	114.00	480.00	64.00	256.00	20.00	2494.00
7	人力资源部	702	曲天威	1000.00	114.00	150.00	20.00	80.00	0.00	864.00
7	人力资源部	703	曲艺	1000.00	114.00	150.00	20.00	80.00	0.00	864.00
合计				5200.00	342.00	780.00	104.00	416.00	20.00	4222.00
总计				80700.00	5928.00	12105.00	1614.00	6450.00	675.00	65784.00

业务 4-1-2

工资表

单位:元

部门	工资总额	取暖费	住房公积金	医疗保险	养老保险	个人所得税	实发工资
办公室	13000	570	1950	260	1040	325	9995
生产部	33000	3420	4950	660	2640	75	28095
采购部	10200	456	1530	204	816	87.5	8018.5
仓储部	1800	228	270	36	144	0	1578
销售部	4700	456	705	94	370	0	3987
财务部	12800	456	1920	256	1024	167.5	9888.5
人力资源部	5200	342	780	104	416	20	4222
总计	80700	5928	12105	1614	6450	675	65784

财务主管：　　　　　　　　　　　　　　　　　　　　　　　　　　制单：

业务 4-2

长期待摊费用摊销表

××年 12 月 31 日　　　　　　　　　　　　　　单位:元

项目	应摊销金额	摊销期限	每月摊销金额

业务 4-3-1

领料单

领料部门:生产部—2 人桌　　　　××年 12 月 30 日　　　　第××号

材料编号	材料名称	规格	单位	请领数量	实发数量	单价	金额
	18 mm 装饰板		米	2000		20.00	40000.00
	15 mm 装饰板		米	2000		18.00	36000.00
	支架		个	4000		6.00	24000.00
	固定底座		个	4000		5.00	20000.00
	方钢		米	2000		8.00	16000.00
	5 mm 装饰板		米	2000		6.00	12000.00
	螺栓和螺母		个	24000		0.05	1200.00
	螺钉		个	80		5.00	400.00
	油漆		千克	40		10.00	400.00
	封边条		米	4800		0.02	96.00
	黏合剂		盒	20		10.00	200.00
	2 人桌包装纸箱		个	2000		5.00	10000.00
	合计						160296.00
用途	生产 2 人桌	领料部门			发料部门		
		负责人		领料人	核准人		发料人
		谭世俊		郑旭飞	王清清		刘天娇

业务 4-3-2

领料单

领料部门：生产部—3 人桌　　　　××年 12 月 30 日　　　　第××号

材料编号	材料名称	规格	单位	请领数量	实发数量	单价	金额
	18 mm 装饰板		米	3000		20.00	60000.00
	15 mm 装饰板		米	3000		18.00	54000.00
	支架		个	6000		6.00	36000.00
	固定底座		个	6000		5.00	30000.00
	方钢		米	3000		8.00	24000.00
	5 mm 装饰板		米	3000		6.00	18000.00
	螺栓和螺母		个	36000		0.05	1800.00
	螺钉		个	120		5.00	600.00
	油漆		千克	60		10.00	600.00
	封边条		米	4800		0.02	96.00
	黏合剂		盒	20		10.00	200.00
	3 人桌包装纸箱		个	2000		8.00	16000.00
	合计						241296.00
用途	生产 3 人桌	领料部门			发料部门		
		负责人		领料人	核准人		发料人
		谭世俊		郑旭飞	王清清		刘天娇

业务 4-4

制造费用分配表

年　　月　　日　　　　单位：元

分配对象(产品)	分配标准	分配率	分配金额

财务主管：　　　　制单：

业务 4-5-1

产品入库单

年　　月　　日　　　　　　　　　　单位:元

产品编号	产品名称	计量单位	实收数量	单位成本	总成本	备注
合计						

主管：　　　　保管：　　　　交库：　　　　会计：

业务 4-5-2

完工产品成本汇总表

产品名称	计量单位	产量	直接材料	直接人工	制造费用	总成本	单位成本
合计							

财务主管：　　　　　　　　制单：

业务 4-6-1

产品出库单

年　　月　　日　　　　　　　　　　单位:元

产品编号	名称规格	单位	数量	单位成本	总成本	备注
合计						

主管：　　　　保管：　　　　检验：　　　　制单：

业务 4-6-2

产品出库单

年　　月　　日　　　　　　　　　　单位:元

产品编号	名称规格	单位	数量	单位成本	总成本	备注
合计						

主管：　　　　保管：　　　　检验：　　　　制单：

业务 4-6-3

汇总产品出库单

用途　　　　　　　　　　年　　月　　日　　　　　　　　　　单位:元

产品编号	名称规格	单位	数量	单位成本	总成本	备注

主管:　　　　保管:　　　　检验:　　　　制单:

业务 4-7

本年利润计算表

年　　月　　日　　　　　　　　　　单位:元

一、营业收入	本年金额
减:营业成本	
税金及附加	
销售费用	
管理费用	
研发费用	
财务费用	
其中:利息费用	
利息收入	
加:其他收益	
投资收益(损失以"—"号填列)	
公允价值变动净收益(损失以"—"号填列)	
资产减值损失(损失以"—"号填列)	
信用减值损失(损失以"—"号填列)	
资产处置收益(损失以"—"号填列)	
二、营业利润(亏损以"—"号填列)	
加:营业外收入	
减:营业外支出	
三、利润总额(亏损总额以"—"号填列)	

业务 4-8

应交所得税计算表

年　　月　　日　　　　　　　　　　　　　　　单位:元

项目	行数	本月数
一、利润总额(亏损总额以"—"号填列)		
加:纳税调整增加额		
减:纳税调整减少额		
二、应纳税所得额		
适用税率		
三、应纳所得税额		

财务主管:　　　　　　　　　　　　　　　　　　制单:

业务 4-9

利润分配计算表

××年度　　　　　　　　　　　　　　　　　　单位:元

利润分配项目	分配基数	分配比例	分配金额
合计			

会计主管:　　　　　　　　　　　　　　　　　　制单:

附录D　实训五的原始单据

业务 5-1

资产负债表

会企 01 表

编制单位：　　　　　　　　　　　　　　　　　　　　　　　　年　　月　　日

单位：元

资产	年初数	年末数	负债及所有者权益	年初数	年末数
流动资产：			流动负债：		
货币资金			短期借款		
交易性金融资产			交易性金融负债		
应收票据			应付票据		
应收账款			应付账款		
预付款项			预收款项		
其他应收款			其他应付款		
存货			应付职工薪酬		
1 年内到期的非流动资产			应交税费		
其他流动资产			其他应付款		
流动资产合计			1 年内到期的非流动负债		
非流动资产：			其他流动负债		
债权投资			流动负债合计		
其他债权投资			非流动负债：		
长期应收款			长期借款		
长期股权投资			应付债券		
其他权益工具投资			长期应付款		
其他非流动金融资产			预计负债		
投资性房地产			递延收益		
固定资产			递延所得税负债		
在建工程			其他非流动负债		

续表

资产	年初数	年末数	负债及所有者权益	年初数	年末数
生产性生物资产			非流动负债合计		
使用权资产			实收资本(或股本)		
无形资产			资本公积		
开发支出			减:库存股		
长期待摊费用			其他综合收益		
递延所得税资产			盈余公积		
其他非流动资产			未分配利润		
非流动资产合计			所有者权益(或股东权益)合计		
资产总计			负债和所有者权益总计		

财务负责人：　　　　　　　　　　主管会计：　　　　　　　　　　填表人：

业务 5-2

利润表

会企 02 表

编制单位：　　　　　　　　年　　月　　日

单位：元

项目	行次	本年金额	上年金额
一、营业收入			
减：营业成本			
税金及附加			
销售费用			
管理费用			
研发费用			
财务费用			
其中：利息费用			
利息收入			
加：其他收益			
投资收益（损失以“－”号填列）			
公允价值变动净收益（损失以“－”号填列）			
资产减值损失（损失以“－”号填列）			
信用减值损失（损失以“－”号填列）			
资产处置收益（损失以“－”号填列）			
二、营业利润（亏损以“－”号填列）			
加：营业外收入			
减：营业外支出			
三、利润总额（亏损总额以“－”号填列）			
减：所得税费用			
四、净利润（亏损以“－”号填列）			
五、其他综合收益的税后净额			
六、综合收益总额			
七、每股收益			
（一）基本每股收益			
（二）稀释每股收益			

业务 5-3

现金流量表

会企 03 表

编制单位：　　　　　　　　　　　　　　　年度　　　　　　　　　　　　　　　单位：元

项目	行次	本年金额
一、经营活动产生的现金流量：	1	
销售商品、提供劳务收到的现金	2	
收到的税费返还	3	
收到其他与经营活动有关的现金	4	
经营活动现金流入小计	5	
购买商品、接受劳务支付的现金	6	
支付给职工以及为职工支付的现金	7	
支付的各项税费	8	
支付其他与经营活动有关的现金	9	
经营活动现金流出小计	10	
经营活动产生的现金流量净额	11	
二、投资活动产生的现金流量	12	
收回投资收到的现金	13	
取得投资收益收到的现金	14	
处置固定资产、无形资产和其他长期资产收回的现金净额	15	
处置子公司及其他营业单位收到的现金净额	16	
收到其他与投资活动有关的现金	17	
投资活动现金流入小计	18	
购建固定资产、无形资产和其他长期资产支付的现金	19	
投资支付的现金	20	
取得子公司及其他营业单位支付的现金净额	21	
支付其他与投资活动有关的现金	22	
投资活动现金流出小计	23	
投资活动产生的现金流量净额	24	
三、筹资活动产生的现金流量	25	
吸收投资收到的现金	26	
取得借款收到的现金	27	
收到其他与筹资活动有关的现金	28	
筹资活动现金流入小计	29	
偿还债务支付的现金	30	
分配股利、利润或偿付利息支付的现金	31	
支付其他与筹资活动有关的现金	32	
筹资活动现金流出小计	33	
筹资活动产生的现金流量净额	34	

附录E　实训答案

业务二

记 2-1　暂借夏羽飞现金

借:库存现金　50000

　　贷:其他应付款——夏羽飞　50000

记 2-2-1　收到投资款

借:银行存款——中信银行　10000000

　　贷:实收资本——夏羽飞　6000000

　　　　　　　——A　4000000

记 2-2-2　支付开户验资费

借:长期待摊费用——开办费　180

　　贷:库存现金　180

记 2-3　支付注册登记费手续费等

借:长期待摊费用——开办费　10822

　　贷:库存现金　10822

记 2-4　支付刻印章费

借:长期待摊费用——开办费　590

　　贷:库存现金　590

记 2-5　支付税务登记证工本费

借:长期待摊费用——开办费　40

　　贷:库存现金　40

记 2-6-1　将投资款转款到基本账户

借:银行存款——大连银行夏泊支行　10001000

　　贷:银行存款——中信银行　10001000

记 2-6-2　财务费用

借:银行存款——中信银行　1000

　　贷:财务费用　1000

记:2-6-3　购支票本费

借:长期待摊费用——开办费　80

贷:银行存款——大连银行夏泊支行 80

记 2-7 购入固定资产和低值易耗品

借:固定资产——厂房 6178910

贷:银行存款——大连银行夏泊支行 5910000

——大连银行夏泊支行 29550

——大连银行夏泊支行 239360

记 2-8-1 购入固定资产和低值易耗品

借:固定资产 9000

周转材料——低值易耗品 18080

应交税费——应交增值税进项税 3520.40

贷:银行存款——大连银行夏泊支行 30600.40

记 2-8-2 领用低值易耗品

借:长期待摊费用——开办费 18080

贷:周转材料——低值易耗品 18080

记 2-8-3 购入固定资产和低值易耗品

借:固定资产 55000

周转材料——低值易耗品 4000

应交税费——应交增值税进项税 7670

贷:银行存款——大连银行夏泊支行 66670

记 2-8-4 领用低值易耗品

借:长期待摊费用——开办费 4000

贷:周转材料——低值易耗品 4000

记 2-8-5 采购办公用品

借:长期待摊费用——开办费 760

应交税费——应交增值税(进项税额) 98.80

贷:银行存款——大连银行夏泊支行 858.80

记 2-10 1/2 采购主要材料

借:原材料——主要材料 756000

应交税费——应交增值税进项税 98280

贷:银行存款——大连夏泊支行 854280

记 2-10 2/2 购进辅助材料和包装物

借:原材料——辅助材料 10100

周转材料——包装物 45500

应交税费——应交增值税进项税 7228

贷:银行存款——大连夏泊支行 62828

记 2-11 计提本月工资费用

借:生产成本——直接人工(二人桌) 18210

——直接人工(三人桌) 18210

长期待摊费用——开办费 50208

贷:应付职工薪酬——工资 65778

其他应付款——社保(医疗+养老) 8064

其他应付款——公积金 12105

应交税费——应交个人所得税 675

记 2-12 1/2 结转本月发出材料成本

借:生产成本——直接材料(二人桌) 80148

贷:原材料——主要材料 74000

——辅助材料 1148

周转材料——包装物 5000

记 2-12 2/2 结转本月发出材料成本

借:生产成本——直接材料(三人桌) 120648

贷:原材料——主要材料 111000

——辅助材料 1648

周转材料——包装物 8000

业务三

记 3-1 1/2 偿还垫付款项

借:库存现金 20000

贷:银行存款 20000

记 3-1 2/2 偿还垫付款项

借:其他应付款——夏羽飞 50000

贷:库存现金 50000

记 3-2 支付工资

借:应付职工薪酬——工资 65784

贷:银行存款——大连夏泊支行 65784

记 3-3 支付个人所得税

借:应交税费——应交个人所得税 675

贷:银行存款——大连夏泊支行 675

记 3-4 缴纳住房公积金

借:其他应付款——公积金(个人) 12105

贷:银行存款——大连夏泊支行 12105

记 3-5 支付社保费用

借:应付职工薪酬——社保(个人) 8064

管理费用——社保(单位) 26227.50

贷:银行存款——大连夏泊支行 34297.50

记 3-6 销售商品取得收入

借:银行存款——大连夏泊支行 316400

贷:主营业务收入——二人桌 120000

——三人桌 160000

应交税费——应交增值税销项税 36400

记 3-7 预付山东 K 公司的贷款

借:预付账款——山东 K 公司 50000

贷:银行存款——大连夏泊支行 50000

记 3-8 从银行取得借款

借:银行存款——大连夏泊支行 1000000

贷:短期借款 1000000

记 3-9 办理银行汇票

借:其他货币资金——银行汇票存款 15000

贷:银行存款——大连夏泊支行 15000

记 3-10 采购检测设备

借:在建工程 12425

应交税费——应交增值税进项税 1615.25

银行存款 959.75

贷:其他货币资金 15000

记 3-11 购买辅助材料

借:原材料——辅助材料 10100

周转材料——包装物(二人桌) 17500

——包装物(三人桌) 28000

应交税费——应交增值税进项税 7228

贷:应付账款——大连宏达 62828

记 3-12 购入建筑物资

借:在建工程——设备安装工程 2000

贷:银行存款——大连夏泊支行 2000

记 3-13 1/2 收到山东 K 公司材料将其入库

借:原材料——主要材料 81600

应交税费——应交增值税(进项税额) 10530

贷:预付账款——山东 K 公司 91530

银行存款——大连夏泊支行 600

记 3-13 2/2 补付货款

借:预付账款——山东 K 公司 41530

贷:银行存款——大连夏泊支行 41530

记 3-14 安装设备完工

借:固定资产——检测设备 14425

贷:在建工程——设备安装工程 14425

记 3-15 支付电费

借:制造费用——电费 23600

管理费用——电费 1032

应交税费——应交增值税(进项税额) 3202.16

贷:银行存款——大连夏泊支行 27834.16

记 3-16 销售商品取得收入

借:银行存款——大连夏泊支行 632800

应收账款——X 会议中心 158200

贷:主营业务收入——二人桌 300000

——三人桌 400000

应交税费——应交增值税——销项税 91000

记 3-17 销售废料收入

借:银行存款——大连夏泊支行 1800

贷:其他业务收入——边角料收入 1593

应交税费——应交增值税(销项税额) 207

记 3-18 销售商品取得商业汇票

借:应收票据 79100

贷:主营业务收入——二人桌 30000

——三人桌 40000

应交税费——应交增值税销项税 9100

记 3-19 支付借款利息支出

借:财务费用——利息支出 986.30

贷:银行存款——大连夏泊支行 986.30

记 3-20 补付货款

借:预付账款——山东 K 公司 41530

财务费用—手续费 10.5

贷:银行存款——大连夏泊支行 41540.50

记 3-21 车间采购维修零配件

借:制造费用——维修费 1000

应交税费——应交增值税进项税 130

贷:银行存款——大连夏泊支行 1130

记 3-22 销售商品取得收入

借:应收账款——E 公司 395500

贷:主营业务收入——二人桌 150000

——三人桌 200000

应交税费——应交增值税(销项税额) 45500

记 3-23 应收票据贴现

借:银行存款——大连夏泊支行 78797

财务费用——利息 303

贷:应收票据 79100

业务四

记 4-1 月末分配工资费用

借:生产成本——直接人工(二人桌)　　18210
　　——直接人工(三人桌)　　18210
　管理费用　　45052
　销售费用　　5156
　贷:应付职工薪酬——工资　　65778
　　其他应付款——社保(医疗+养老)　　8070
　　其他应付款——公积金　　12105
　　应交税费——应交个人所得税　　675

记 4-2　摊销开办费

借:管理费用——开办费摊销　　84760
　贷:长期待摊费用——开办费　　84760

记 4-3　1/2 结转本月发出材料成本

借:生产成本——直接材料(二人桌)　　160296
　贷:原材料——主要材料　　148000
　　——辅助材料　　2296
　　周转材料——包装物　　10000

记 4-3　2/2 结转本月发出材料成本

借:生产成本——直接材料(三人桌)　　241296
　贷:原材料——主要材料　　222000
　　——辅助材料　　3296
　　周转材料——包装物　　16000

记 4-4　分配本月制造费用

借:生产成本——二人桌　　9840
　　——三人桌　　14760
　贷:制造费用　　24600

记 4-5　1/2 结转完工入库产品成本

借:库存商品——二人桌　　286704
　贷:生产成本——直接材料　　240444
　　——直接人工　　36420
　　——制造费用　　9840

记 4-5　2/2 结转完工入库产品成本

借:库存商品——三人桌　　413124
　贷:生产成本——直接材料　　361944
　　——直接人工　　36420
　　——制造费用　　14760

记 4-6　结转销售产品成本

借:主营业务成本——二人桌　　286704
　　——三人桌　　413124

贷:库存商品——二人桌　　286704

——三人桌　　413124

记 4-7　1/2 结转本期损益

借:主营业务收入　　1400000

其他业务收入　　1593

贷:本年利润　　1401593

记 4-7　2/2 结转本期损益

借:本年利润　　862355.3

贷:主营业务成本　　699828

管理费用　　157071.50

财务费用　　299.80

销售费用　　5156

记 4-8　计提所得税费用

借:所得税费用　　134809

贷:应交税费——应交所得税　　134809

记 4-8　结转所得税费用

借:本年利润　　134809

贷:所得税费用　　134809

记 4-9　结转本年利润

借:本年利润　　404374.70

贷:利润分配——未分配利润　　404374.70